青春私奔

高晓松 口述

北京联合出版公司

高晓松是那种天资很好、个性极强的人，喜爱成为他选择中很重要的因素，所以他做东西能真正把东西做透，这就是为什么他可以做脱口秀节目，而成千上万的教授、博士不可以，因为后者中绝大多数人都是应试教育的产物。

——优米网创始人　王利芬

Contents 目录

目 录

1

远方有

YU QINGCHUN SIBEN 与青春私奔

我的足迹

►► 文艺圈儿的混子

　　大家感觉我的身份很多，什么小说家、诗人、电视谈话栏目的嘉宾，然后是评委、词作者、曲作者，还是电影的导演，其实大家都不知道，我就是文艺圈儿里一混子，幸亏画画还不算文艺圈，要不然连那个我也混进去了。基本上我小时候有点儿不要脸，在那个书房写上"文青翘楚浪子班头"几个大字。当时我说我最大的梦想就是没有什么职业，我觉得一个人挂一个职业在前面特别无聊，整个人就被限定住了，好像只能做一件事情一样，那多没意思啊。反而到最后有人说这人是能作为大文青的，文青翘楚，不局限于某一个行业，然后什么都能干，那是最好的。

　　我有与生俱来的优越感，有优越感是一个没办法改变的事情。直到现在还会有，就是我现在不表现出来了。优越感不是坏事，坏的是有的人老在别人面前表现这个优越感、炫耀自己的优越感，那就是一件挺讨人厌的事了。我投胎就投成这样了，自己也没有办法，这是命中注定的事情。首先我是一个北京人，出生在书香门第之家，从小到大读的全是国内最好的学校，绝对的根正苗红。人家说自己也是北京四中的，我们都得问问你初中、高中都是北京四中的吗？我初中是北京四中 A1 班，也就是北京所有的尖子生都在那个班里，后来班里的同学全部考上清华大学了。清华大学还得是电子、计算机、自动化、建筑系这四个最好的系才行。我高考那会儿化学成绩在北京市是第一名的。看着我长得不像学习好的学生，但是我上学的时候真的成绩非常好。

　　后来我喜欢音乐，开始写歌、唱歌搞所谓的创作，这个跟我的家庭毫无关系，我的家人没有一个人干这个，就我自己一个人干弹琴卖艺这行。我家里人都搞研究，都是学术型人才。再说当时我也没干这个，当时我是导演以拍广告为生，音乐就是弹琴给姑娘听，草地上大家下酒用的，结果被人录下来拿给大地唱片听，后来我师父黄小茂就找过来了。等我家里知道这件事情的时候，《同桌的你》已经满街都在唱了。我的父亲、母亲也都是留洋的，毫不传统，对此没有人说什么，更没有人出来反对，家里对我的选择不说是支持吧，但是也是十分包容的。再说我也不用父母支持，我自己的生活已经靠拍广告过得很好了。二十几岁的时候我就开上了林肯车，还拿了一个三万块钱的大哥大，下面还挂着一个大汉显BP机，现在看来当时那套行头挺土的，但是在当时那可是绝对的时尚。生活是不愁的。我的目标就是什么都能做，不把自己局限于某一个领域，不给自己前面挂一个什么职业，把自己的路放宽、放远这就是最理想的状态。人做自己喜欢的事儿最好，为什么非得有个固定的职业呢？现在这个社会上有很多人干的都不是自己喜欢的事儿，心里面堵得慌，还不得不为了养家糊口继续做那样的工作。我很幸运，因为我做的每一样，写歌也好、出书也好、拍电影也好，都是我发自内心的喜好。把自己的喜好做职业，干着自己喜欢的事情就能赚钱是再美好不过的了，甚至有时候赚不赚钱都是次要的了。

我妈曾经对我说过：这个世界不只有眼前的苟且，还有诗与远方。这是迄今为止我记忆中我妈对我说过的让我印象最深刻的一句话。我猜我妈跟我说这个话的时候她眼前肯定有特别多的苟且，有很多让她不舒服的事情。她其实也不光是在跟我们说，也是在和她自己说。所以我和我妹妹深受我们家这种教育的影响，我们俩长大以后其实工作、生活、收入都还不错，但我俩都没买过房，就是连一尺都不买，但是我们俩都走遍过世界。我妈也是，我妈背着一个帐篷走遍过欧洲，我妹骑摩托车横穿过非洲。我妈说如果有一天真的是境遇来了，就比如说战争来了，真的走不了了，就读诗，诗就是人心里的最远处。人活着就一定要有诗意，尊严这东西有时候自己都掌握不了，不是说我们想有尊严了就有尊严了；我想让别人尊重我，别人就可以尊重我。但是诗意这个东西，是只要自己愿意，心里有这个东西，随时都能有的。还记得我和妹妹小的时候妈妈领我们在颐和园的长廊里仰着头讲述每幅画的含义以及它们背后的故事，在每一座挂着对联的老房子前面读那些诗一样的文字，在门厅的回廊中让我们猜那些下马石和拴马桩的用处，从那么多静止的事物开始娓娓道来那些生动有趣的历史。那些颓败但厚重的历史告诉了我和妹妹世界之辽阔，人生之倏忽，而美之永恒。

"美"这个字经常跟女人能联系起来，曾经有人问我，最喜欢中国历史上的哪位女性，我想是陈圆圆。陈圆圆原姓邢，名沅，字圆圆，又字畹芬，是明末清初苏州的名姬。她"容辞闲雅，额秀颐丰"，有名士大家风度。每一次登场演出，都明艳出众，独冠当时，"观者为之魂断"。我喜欢她也不为别的，只因为陈圆圆长得美，再怎么着我也不能喜欢诸葛亮他老婆就是了。那么多人从大才子冒辟疆到大将军、大叛徒到土匪，人人为了陈圆圆最后死的死、跑的跑，她真的是倾国倾城。所以我觉得，一个女人她没有留下只言片语，她不靠忽悠、不靠说话就能让那么多男人魂牵梦绕，这个真是了不得。那个晚唐诗人鱼玄机还有什么易求无价宝，难得有情郎之类的诗句流传下来，人家陈圆圆一句话都没有，就已经把一个国家倾倒了，所以我觉得，她肯定是貌冠当时、艳压群芳啊！

很多人都认为林徽因很美，很多男人也确实一生为其倾倒，梁思成陪伴了她一生，金岳霖为了她终身未娶，徐志摩更是痴迷于她，为了来北京参加林徽因在北平协和小礼堂为外国使者举办的中国建筑艺术演讲会，特意坐飞机前来，结果天有不测风云不幸坠机身亡了。这样的一个女子确实是一个传奇。近年来也有很多写林徽因传记的书籍，我也曾写过林徽因的剧本，在《如丧：我们终于老得可以谈谈未来》这本书里收录了包括《林徽因》《侠客行》《1424——郑和的洋》等九个剧本，但《林徽因》这个剧本是大家公认的我写得最好的一个。当谈论起女人的时候，也会有人问我喜不喜欢林徽因那样的女子。虽然曾经林徽因她们家跟我们家住对门，我们两家又是世交，我们两家房子也是一张图纸盖的，都是一模一样的，所以人家让我写林徽因我就写了。但是无论我写还是不写，我本人是不会喜欢林徽因的。因为男人很难满足那样的姑娘，她还经常审视男人。大家想你们跟一个爱人在一起，她天天这样审视你，然后你这里刚一开始张嘴，还没说瞎话呢，她已经把你看了一底儿亮了。你说这生活多没劲，而且她没朋友，我特别不喜欢没朋友的女性，女性一定要有一堆女性朋友，一定要有闺密，一定要没有男人陪着的时候可以唤来几个好姐妹做点女孩子都喜欢的事情，我才认为这个女性是健康的、正常的。林徽因的所有朋友都是男的，除了一个美国的女性朋友。而且当时所有的女知识分子都讨厌她，凌叔华、冰心什么的，挨个儿挤兑她，所以我不可能喜欢林徽因。梁思成先生是例外，梁先生有那种敦厚、儒雅的品性，他愿意给林徽因鞍前马后地伺候着，我可不行，我永远不会去做那样的事。我这辈子就没有找过女知识分子，因为我自己没文化，所以我一看女知识分子头就大。

我从来都不认为我自己有多重身份，至于人们常说的压力也谈不上有，我只需要负一个男人最低限度的责任，那就是照顾好我的家人。因为这是每个男人都要负责任的地方，如果这都算是压力，谁要说为老婆、孩子负责都感到有压力，那这个人就别活了。我没企业、没公司，说我有压力因为我得养活多么多的人，这个我还真没有。我们公司今年已经急剧膨胀，增加了 50% 的人，从俩人变成了仨人。原来我们工作就俩人，就我跟我经纪人两个人，现在多了一个助手，就等于我们三个人，可不是膨胀了 50% 嘛，你说我能有压力吗？我也不出去应酬，我也不求人什么事，所以我晚上都跟家人一起吃饭，我从来不跟人应酬出去吃饭不陪老婆、孩子。我觉得陪我姑娘吃饭是天底下最大的美事。在我看来公司和家庭真的都不能给我带来什么压力。我就是做自己该做的、能做的。一边混一边把该干的事都干了，我喜欢的一样也没落下，我觉得这样挺好。

别样的知识分子

▲ ▲ ▲

　　我真的很怕别人说我是诗人，诗人是那种有着尖锐视角的人，他们的眼睛能看透世事，而我不行，我没有那样的眼睛，所以大伙儿也都别叫我诗人，可是我还算是一个知识分子。可是中国传统认为做音乐的不是知识分子，传统中国人认为做音乐的是优伶、是零工，是那种比较下三烂的，叫作雕虫小技。中国自古以来就认为写诗的是知识分子，像人家李白、杜甫不仅诗作流传千古为人称颂，人家还被封为诗仙、诗圣，我们作曲的可不敢跟人家比，作曲的什么都不是，作曲的人从古至今始终没有地位。中国历史书里教大家说，本朝历史课本里有画家某某某、木匠某某某、诗人谁谁谁，我们的历史课本里十几朝教下来，没有一朝写一句话说本朝还有一位音乐家是谁谁谁。我们给木匠都塑像，比如给鲁班都塑个大雕像，可是音乐家从来没有过这个待遇。都说我们现在的音乐没有太多的创新，看来看去还是那么几个老人儿。其实这根本不怪做音乐的这些人，是咱们根本就没有好的音乐传统。自古以来音乐家没地位，也不受尊重，赚点养家糊口的钱都困难，所以也没人想去做音乐家。我们到国外去，一看到处都是音乐家的雕塑，左边一看，柴可夫斯基，右边一看什么巴赫、莫扎特，到处都是音乐家的塑像。你到中国一看，中国从来没给音乐家塑过像。所以咱是又没有好的音乐传统，又不尊重音乐家的地位。音乐家从来没有被大家排过名，从来不知道音乐家应该排在哪个位置。

但咱大汉民族写诗倒是很厉害，七步就能成诗，写诗的人都被我们写进史书名垂千古被后任传诵去了。宋词是继唐诗后的又一种文学体裁，它兼有文学与音乐两方面的特点。每首词都有一个调名，叫做"词牌名"，依调填词叫"依声"。宋词是用来唱的，词牌跟曲牌本身就是旋律。所以我们看到有好多内容不同的词，都叫《虞美人》，这就是根据《虞美人》

这个曲子所填写的不同的词。根据这个推测，我认为《虞美人》肯定是一首特好听的曲子，要不然不会有那么多的人往里面填词的。可是遗憾的是大家只记住流传下来的词了，现在都改成念了、背诵了，甚至考试的时候都考了，就是没有人记得当初那支曲子如何唱！老天爷是公平的，他给大家的东西都是一样的，他不论地理位置、不论贫富贵贱、不论社会发展到什么阶段把好的东西分给每一个区域，甚至是每一个民族。可是大家公平地获得了老天爷给的美好的东西，有的地方就能把它发扬光大并且无限繁荣。而我们的音乐又为何变成这样了呢？这是值得我们思考的地方。其实我们也有遗留下来的历史文献——《乐经》，但是就是没有研究那么明白。咱们把《山海经》什么的都研究得那么通透，可是这个《乐经》甚至都没有人研究。也许我们态度上的不重视也是音乐在我国没能繁荣发展起来的主要原因吧。

汉人学音乐很死板，就像学文化课一样。这方面少数民族要好得多。少数民族很多人都是天生就会玩儿乐器的，人家真的是玩儿乐器，不是学乐器。从小在好的音乐氛围里长大，看长辈们如何弹琴，如何唱歌，没有刻意学，自然而然就会了。

这就是汉族和少数民族在音乐天赋上的差距。而且很多的黑人乐手他们根本就不识谱，但是人家的乐感和节奏感就是那么好，音准就是那么棒，这是没有办法的事情，人家血液里就流淌着音乐的基因。咱们汉人对文字的驾驭能力很强，什么七步就能成诗，什么出口就能成章啊，文字是我们的强项。所以音乐家在中国不认为是知识分子，大家都把音乐家当成底层那个工匠，基本上都是这个路子。所以在这个不把作曲当回事儿的国度里，我只能说自己还算个知识分子。多亏从小到大看过的书不少，游历过的地方也很多，说是知识分子也没有不恰当。

其实我认为在音乐方面我们可以取长补短。咱们文字能力强，那就作词。你看人家方文山、林夕，那词写得多好啊！国外的作曲强，那我们就用国外的曲子。这样不也很好嘛，在国外的曲子里面填中国的词。这样的例子也不是没有，一代歌后邓丽君就是这样呀，曾经的四大天王也是这样啊，人家每年能出四张专辑，两张国语两张粤语专辑，多高的产量啊，而且还出了很多经典。人就是在国外的曲子里面填上中国的歌词，这真的是不错的方法。也许有人会反对，说我们得有原创，得有创新意识。我不反对创新，但是取人之长补己之短未必是件行不通的事情。音乐是无比的美好，它比任何艺术形式都能带给人们更多的记忆。经常是我们一听到某一首歌，马上就能把曾经身边的人、过往的事情都回忆起来。常常是一首歌就承载了一个人最难忘的记忆。所以我倡导大家去看演唱会的时候都能早点去，也许在现场就能遇见同桌的你或者是睡在上铺的兄弟，听着歌看时光倒转回曾经最美的日子。

说我是知识分子我也是一个别样的知识分子，因为我能用比较感性的方式去参悟一些道理。今年在优酷视频做了几期有关青楼、科举、镖局的节目，收视率还蛮不错的。有的人会认为青楼、科举、镖局这些都是糟粕、是封建社会的腐朽之物，可我认为青楼、科举、镖局是中国最有意思、最辉煌的一部分文化。平时一说到青楼就有人误会以为是专门提供那种特殊服务的地方，其实不是那样的，大家对青楼一点都不了解。青楼和妓院不一样，妓院是大家想象的那种地方，而青楼不是，青楼比妓院要高雅得多。这些青楼女有很好的才华，诗词歌赋、琴棋书画、音律歌舞没有不精通的。她们也都是千挑万选、层层把关才选出来的，不是谁想当青楼女都能当。就像今天好多人想当明星，但是必须得有才华才能被经纪人认可，谁也不愿意去包装一个什么都不会、没有任何才艺的人。在当时也是一样，想做青楼女必须要有超群的才华，要不怎么和大名士们吟诗作对啊！

如果说青楼提供商品服务的话，那就是爱与自由。在封建社会人们的爱情是没有自由的。婚姻大事都是父母之命、媒妁之言，自己根本就没有决定权，娶回家里的人别说喜欢了，连了解都不了解，怎么能做到所谓的相濡以沫啊。所以其中一部分人就来到了青楼，结识了美貌与才华兼备的青楼女，谈一场刻骨铭心的恋爱。青楼女也不是谁都跟的，人家那石榴裙下拜倒的人可是数不胜数，别说是王公贵族，说不定哪天皇帝本人来了人家没准都不爱搭理呢。来了也不一定都能看见姑娘本人，他们还得经过各种考试，最后胜出的人才能见人家姑娘一面。人家青楼女一点儿都不随便，别说没通过考试你见不到人家了，就算你通过了考试，万一人家姑娘看你不顺眼还得把你扫地出门呢！古代在家的时候媳妇是不敢骂老公的，夫唱妇随，唯命是从。但是到了青楼你什么都不是，姑娘看不上你让你滚你就得滚。青楼女子并不是大家想的那般恶浊，她们可以说是那个时代最有文化、最有才华、最漂亮的女人。

这些都仅是一家之言，说出来和大家分享一下。大家也可以认为这是我这个别样的知识分子对问题理解的别样之处。

最宝贵的财富

　　曾经有人问我，我这辈子最宝贵的财富是什么？我不假思索地回答是基因。就是从我父母两边无数代人传下来的基因，那个基因就导致我首先把最艰苦的一段时间给特别轻松地度过去了，那就是读书的那段日子。读书要是没那祖辈儿传下来的基因，简直苦死了，不苦死也得累死。我就有一个挺好的读书基因，因为我们家世代都是读书人。虽然也给了我一个重要的基因就是这张脸，但是我总得有个取舍吧，就算投胎之前拿镊子挑基因，我也不一定能把好的全挑到我自己身上。我觉得我宁可夹来了那读书的基因，然后弄一个这长得丑的基因，我也别弄一个特帅的，然后是一个傻子，如果那样不就完了嘛。所以我觉得什么最宝贵，那无疑就是基因。

我相信一个人连他的成功都是由基因决定了相当大的一部分。失败其实都是可以总结的，我们事后都能总结出哪里做得不好，是什么原因导致了失败，可以总结失败的经验教训。但是所有成功都没法总结，说得迷信点儿那就是命。所以这命就跟人的基因有很大的关系，一个人永远不能总结出这人为什么成功了并且按照他的成功轨迹去复制那份成功，凡是说这成功能复制的都是骗子，以为自己买两本书看完了就能成功了，天下有这么好的事吗？要是有这么灵验，看几本书就把别人的成功复制了，那我们都是比尔·盖茨、都是爱因斯坦了。所以我说所有像我们这种被幸运抽准了的人，其实就是命好，再加点优良基因就没什么别的原因了，说实在的，千万别信那成功学，成功学都是忽悠那些急功近利的人的，可是人要是一旦急功近利起来就事倍功半了，甚至功亏一篑。

去大学讲座的时候，总有大学生问我"我们应该怎么规划人生"，我说你千万别规划，不然会特别失望，你就想一件事儿，只要每一顿饭是你自己挣的，你就很成功了。人生有什么可规划的，规划好了就能按部就班地走吗？就没有意外情况发生了吗？规划好了，一步步设计好了，最后做不到的时候那得有多烦心啊。社会不是谁规划出来的，人只能在这个社会里被选择，我也是这样，被选择做了这么多事……一张椅子、一张嘴，我这辈子被选择干的就是这点事儿，坐在录音棚、坐在片场、坐在这儿、坐在镜头面前"白话"给大家听，观众爱不爱听咱另说。顺气自然、随遇而安，然后再问心无愧，我想这样的生活就很美好了。规划的百般好，有一点不好，有的人都受不了，最后还不是自己为难自己吗？

我也曾经看到很多基因不好的人，这些人就是不快乐，我也不说是谁，反正这样的人很多。一次聊天的时候，某大CEO就说不想活了、想死了。我说你都这么有钱了，你干吗想死啊？然后他就哎哟这不幸福那也不幸福的。这不就是基因不好吗，他没有幸福的基因，没有感知幸福的能力，所以谁给他什么都没用。他要是遗传了一个我们家世代都豁达、乐观的基因就没那么多事儿了。就这个豁达、乐观的基因和那个能读书的基因就是最宝贵的两样东西，无论谁给我什么我都觉得我又赚了。

确实是人得有这种幸福的基因，没这基因的人，你给他什么，就算你把全世界都给他，他还觉得不幸福。因为我问那哥们儿，我说你干吗要死啊，他说你看生活给我弄这么一坎儿，我一听什么坎儿啊，就是简直太可笑了，都不能说具体的事儿，特别可笑，就是每个男人都会遇见的，并且都不认为什么大事儿。我说这不是挺公平的嘛，总得给你点儿小坎儿吧，那要不然凭什么老天爷给你那么多钱啊，凭什么你那么成功。谁也猜不到他说什么了。他说我觉得什么叫公平，公平就是抽到 lucky 座位的人就应该什么最好的都给他，那没抽到签的人就应该什么都没有。简直太幼稚了，我当时一听就想拿个小本赶紧记下来，我一定得把这句话写进剧本里去，这太典型了、太逗了。如果说公平就是谁只要抽到了 lucky 座位就应该一切好的都给他，万一给了他点儿坏的，那不就成了骗他了吗？这样的人一点儿不好都不能有，说那些倒霉的人就应该什么都没有，这简直太可笑了，世上哪有这种道理？

　　我现在感觉特别幸福，一个人要老觉得生活欠了你的，那得多难受，那种活法太累了，简直就是自己给自己找罪受。但话又说回来，要说这知足常乐的心态一定要到 40 岁才能有，

20 岁时要有这心态就一点动力都没有了，清心寡欲地啥都不想要了是不对的。20 岁时就该觉得生活欠了你的，一定要有纵横四海、改造国家的梦想，或者为了点儿什么东西去努力、去奋斗，这样生活才有动力、有目标。到了我这个年纪，最好别再不识趣地觉得生活还欠你什么，生活还没清你的账呢，说明不仅不欠你的，而是本来就不是你的。年轻的时候总想踹生活两脚，总感觉生活舒服了、压抑了自己，总想着生活不能来胁迫我，自己一定要逆着生活来。但是人总归都会被生活打败的，我们都会老去，父母也都会离我们而去，这个谁也改变不了。但是人不能那么早就服输了，年轻的时候必须得有能踹生活两脚的精神。

死后那点事儿

世事无常，说不定哪天就会有个意外，飞来个横祸什么的，但我有先见之明，已经安排好了。如果被车撞死了，我就把所有的器官都捐献出来。美国的驾照特有意思，申请驾照以后，那上面有一个问题说如果你出了车祸，你愿不愿意捐献器官。只要你同意了，这个驾照上就有一个红点，写着一行字大概意思就是说人家不用征求你家人的意见，只要一看你已经咽气了，马上就有热乎的、刚出锅的器官。但必须得人死干净了才能把器官捐献，人家才能动刀把器官摘出来，可不能随随便便地没死利索呢就把人家给活着解剖了。所以大伙儿看，我已经安排好了后事。首先我这一肚子下水没浪费，然后我已经跟几个最好的哥们儿透露，其实是我们互相吐露，如果飞机坠毁或者哪个叫车撞死，除非我们一块儿出去玩一块儿坐飞机掉下去了，那是真没什么办法了，否则就互相托福、互相照顾。我以一个快乐的状态活了四十几年，我有很多好朋友，这些人都是特别讲义气的兄弟姐妹。所以对自己的后事很放心。我的好朋友知道我所有的身份，所以每个身份都已经说好了。我如果死了，首先帮我开一圈儿作品音乐会、纪念音乐会，因为以后就绝版了，再也没有了，希望喜欢我的那些朋友们都来捧个场。然后赶快纪念唱片马上在市场上推广发行，电影到我死的时候肯定也有五六部了，管它好坏先弄一个回顾展，然后小说重新再版。我说最好他们再给我弄一个大礼盒，就里边装着所有东西，小说、唱片、电影、脱口秀，什么乱七八糟的都放在里面，然后标价卖 8888 元，上面写着这是给我女儿留的生活费，然后大家就当捐赠我女儿以后的生活费了。就一个大礼盒我的一辈子都在里头，这个想法我觉得挺好的。

其实捐献器官这件事情很多人都想不通，但是我想得挺明白的，就这堆下水，不能浪费了，吃了人民群众那么多粮食，最后都不捐出来就直接埋了，多暴殄天物啊！捐出来能留着也行啊，烧了确实是浪费了。要是烧了，那还不如捐了，捐了还能继续造福于人类，多伟大啊！反正死了我也不会觉得疼，这事儿如果迷信点儿的人知道了，还得认为我能永生呢，我的器官活在别人的身体里得到永生，我是不在人间了，可是我的器官还没死呢，我的器官还在这世上活得好好的呢。

我已经 40 多岁的人了，就应该想想这个问题，不光我，大家都得想，人总有死的那一天，不是我悲观想得多而是世事无常我们谁也不能料知以后的事情。有一天徐静蕾跑到洛杉矶来，然后我们俩开车去北加州看演出，路上她跟我说："我今天又写了一份遗嘱，好像跟去年差不多。"我说这就是长大了，没有那么多的变数了，稳定下来了。她以前也每年写个遗嘱，但是经常会今年和去年的不一样，因为爱的人，或者是世界观什么的都会随着时间而改变，但是当年龄越来越大，世界观、人生观慢慢地就定型了，每年写的东西就差不多了。我觉得以后应该把所有遗嘱一起出版成一本书，一定挺有意思的，看看自己从不定性到成熟多好啊。我的人生基本上就这么安排了，就是说如果出现其他的意外，我还有律师。所

以我跟律师也安排过，说如果出现这种情况，就怎么怎么做，
一、二、三、四已经列好了，我可以说现在是没有什么后顾
之忧了。

人生中谁都有遗憾的时候，但是我们不能穿越回去，重
新来过一遍。也没有哪段时光是我想穿越回去的，虽然现在
挺流行穿越的。我感觉我哪儿都不想回去，因为我觉得我每
一步都特幸运，投对了胎、上对了学、入对了行、娶对了婆、
生对了娃，让哪一步倒回去，当时那幸运都不能恢复到满血
复活的状态了，马上就不知道成什么人了，所以我这一路每
一步都走得特别好，才到了今天，所以一天都别回去，就这样，
到现在挺好。现在我 40 多岁，我觉得每一天都特幸运，幸运
得都有点儿像是老天搞错了，不单是青春无悔。我跟我老婆说，
我不敢再活一次，因为每一天已经足够幸运，重来我怕老天
爷反悔，他要是反悔了，我就完蛋了，什么都不一定能有了，
那我就亏大了。

天涯浪迹

迄今为止，我把所有喜欢做的事情都做了，有的还变卖换成了人民币。至于旅行，不说做到极致吧，也算是周游世界了。没有一个人不想出去走走、不想去看看外面的世界是什么样子的，每个人都愿意欣赏下外面的风景。我为什么要去游历，去游历就是因为我没买房子，因为要买房我就会有压力，到现在我跟我妹还都不买房，我妈也是。然后我就觉得，只要不买房，每一个人都可以走遍世界，绝对没问题，有一个厕所就够了。买房子干什么啊，买房子就定下来了，我现在走哪儿都租房子，租房子很好啊，想住哪儿就住哪儿，今儿看到这个就住这儿了，明儿看到那个就住那儿了，无非就是倒霉那么几天，每次搬家的时候都说："唉，要不买个房子吧，这么多的东西都得搬，都麻烦死了。"可是我一想到买房的后果，就想还是不要买了，因为房子会伤害我现在的一切。我现在是生活在一个很稳定的生活结构里，但是一买房就会破坏这个结构，因为买房需要很多钱，当人需要很多钱的时候，就得想做点什么事来赚钱，想着做点什么事来赚钱的时候，就想利用别人，一想利用别人，人的整个的稳定的生活结构就破坏了。

对于房子我心中的景象也许和许多人都不一样。一提起清华大学我第一个感觉是家，因为我从小就在那里长大，我一直在那里住到了 37 岁。我从小便住在清华校园里，我家是那种二层的小楼，外表看起来很普通，面积也不是特别大，但是特别安静。房子从我生下来就是红色的，一直都没变过，房子很老、很旧。但我在那儿住的时候真的感觉非常好，因为我有一个家，不仅仅是一个睡觉的地方，我自己也不知道那房子多少年了。我和很多朋友也都在感慨：我家后边的院子多好啊，出门就是操场、游泳馆，还有漂亮的女生、白发的先生。四周的邻居，随便踹开哪一家的门，里面住的都是中国顶级的大知识分子，进去聊会儿天不管聊的是什么都长知识、长见识，梁思成、林徽因就住在我家前面的院子里。小时候有什么问题家里老人就写一张字条，说这问题你去问谁谁谁。我找到人家家里，人家打开字条一看，哦，你是那谁家的孩子啊，那你进来讲吧，那些人可都是中国各个领域坐头把交椅的人啊。这才是住处的真正意义吧，它让你透气，更能长见识，而不是豪华的景观、户型和装修什么的，那些都太外表了。2007 年，我们搬了出来，因为家人都在国外，我又不在清华教书，学校就把房子收回去了，心里很怀念在那里的日子，在我心里那里是最温暖的、最美好的栖息地。后来我去了洛杉矶，我也一样是名副其实的无房户。

现在谁都别买北京那房子了，那房价高得离谱，就以北京这房价一平方米的价格就够环游世界的了。现在又那么多人拼了命的要买房，非得当个房奴不成。也许是买房和能否有婚姻有直接关系吧。可是我觉得干吗要买房啊，着什么急啊，稳定下来之前先出去走走呗。过早地把自己圈起来，以后能出去的机会就越来越少了。什么事情不能拖,越拖越没戏。听说现在还有个什么"拖延症"的病,这都是给自己懒找借口,无论什么事只要你真想做就别拖。我心里有一个特别的地方,所以我就一定要去看看。最开始我到处去跑,其实我是有一个想法,因为一些记忆中美好的东西我就一定要回到一些地方去,虽然那些地方我以前没去过,但是它其实已经在我心里扎下根了,那都是我魂牵梦绕的地方,比如说苏莲托。苏莲托(Sorrento)位于苏莲托半岛的尽头,与意大利南部中心城市 Naples 只有不到二十公里的距离。整个半岛呈一个弧形,伸入蔚蓝色的地中海里。远处曾经埋葬了庞贝古城的维苏威火山(Vesuvius)偶尔还会冒出的轻烟,仍然傲视着现代的文明,没有任何人知道这座活火山下一次的雷霆震怒将会是何时,说不定再来一次爆发,又会湮灭了一处文明,也会再生长起来另一处美丽的景色。我从小第一个乐器学的是黑管,吹的第一首曲子叫《重归苏莲托》,这是一首著名的意大利歌曲。它由 G. 第·库尔蒂斯作词,由埃尔内斯托·第·库尔蒂斯作曲。词、曲作者是兄弟俩,哥哥作词,弟弟谱曲。它的曲调和歌词都优美、抒情，在全世界广为流传。正是因为这首曲子，所以这个苏莲托已经在我心中扎下了根，我知道苏莲托什么样子，就是 la xi do ri mi do mi，那是我人生中第一次用黑管吹奏的曲子，在我心里留下了很深的印记，所以我一定要去看看，维也纳我必须得去看看。而且我去每一个这样在我心底生根已久的地方，我一定要开车去，因为我要感觉到我离它越来越近，这个感觉特别好。

如果我一旦坐飞机飞过去，一看，啊，这就是巴黎，这就是维也纳，这样太突兀、太直接了、太无聊了，那种激动感就消失殆尽了。根本就没有兴致去看什么埃菲尔铁塔什么的名胜古迹。所以我可以飞到那种特别无聊的大城市去，但是凡是在我心里已经生长起来的那种城市，我一定要开车去，然后要看到高速公路上，从离得很远还没有看到这个城市名字的时候，突然出现一个路牌写着"维也纳250公里"，一看到这个牌子我心情就特别好，我能感受到那种被召唤的感觉，我就知道现在离维也纳还有250公里，然后100公里、50公里、30公里……最后看见了维也纳的各种尖塔的塔顶，然后各种熟悉的景色映入眼帘，我的心情顿时晴朗起来，有那种梦想成真的感觉。而且最有意思的是，我一直认为维也纳市里的水渠就是多瑙河，我还把我的靴子脱下来扔到那河里说"让我在多瑙河留下足迹吧"。结果白扔了，那不是多瑙河，多瑙河是欧洲第二长河，是在城外的一条特别大的大河。如果我不亲自到维也纳去，也许我到现在还以为市里的河渠就是那闻名世界的多瑙河呢！

所以就是如果有人不愿意去买房，就可以去旅行。当然有很多人更有钱，买了房他也可以去旅行。如果你愿意去旅行，我觉得第一个目标一定要先去因为电影、音乐、文学，甚至因为动漫而在你心里曾经生长起来的、让你铭记在心的那些城市，然后开着车去看看。比如说有人喜欢日剧，那你一定得去东京先看看，不仅仅因为东京是日本的首都，因为你已经几乎知道东京每一条街的名字了，你得亲自去看看，那些街道究竟是什么样子的，看它和你想象中的，魂牵梦绕中的是一个模样吗。然后你唱歌的时候你都知道忠孝东路走九遍这句歌词。那你到台北就必须先上忠孝东路转转去，看看台北最贵的地段是什么样的，去看看那里的"亲嘴楼"，感慨一下那里的热闹与繁华，尝尝那里的著名小吃，听听路上来往的台妹甜腻的声音。你去过了就会感觉其实就这么一条路，没什么大不了的。但是这些所有的东西都意义非凡。我第一次到巴黎，我直接就先到巴黎圣母院，围着那巴黎圣母院转着看，人家问我看什么呢？我说那"Z"哪儿去了？因为《巴黎圣母院》这本小说，最重要就是它那墙上刻着一个字母"Z"，然后才开始激发了整个的故事。我围着教堂的墙转了三圈也没找到那"Z"在何处。后来我和当地的导游说你们这旅游开发得不够好，会有很多文艺青年像我这样，就是来看这"Z"的，不是进里去花1块法郎去给你点一根蜡烛去，我说你先把"Z"刻上吧，那样生意肯定更好，还能给广大文艺青年以精神的慰藉。我没有太关注这座教堂辉煌的历史，没有关注它哥特式的建筑风格，在我眼里我对那个"Z"是最有感情的，最能唤起我对巴黎圣母院向往与记忆的，每个人都会有很多很多类似这样的早已植入内心的地方，所以此生一定要去一次。

有一次我开车一直开到一个群岛，一大岛链，有 40 多个岛组成名叫钥匙，因为在地图上长得像钥匙而得名。然后我就看到最头儿上有一个岛，我就开车到了那儿了。我开始是为了另外一个意义去的，因为要走到一号公路的尽头才过去的，结果我收获了另外两样东西，一个是我突然看到那儿有一个鼓，上面写着美国大陆最南端，别以为美国最南端是夏威夷，美国大陆最南端就是这个地方，然后离古巴 90 里，在旁边一看还有一个屋，那就是海明威写的《老人与海》的地儿，然后我就高呼"哦，天哪！"我就觉得这简直太神奇了，我居然发现了这么一个地儿，居然在偶然中发现了海明威写《老人与海》的地方，也许这就是冥冥中注定的事情啊！然后这次去捷克，上个月还去了奥地利，还专门去了卡夫卡住的地方，心想《变形记》等诸多名著就是在这个屋子里诞生的，而此时此刻我就在这个屋子里，仿佛看到了卡夫卡就坐在我身边。

所以我觉得，每个人都有不同的文艺倾向，不接触文艺的人是没有的。要是有人说我这辈子从来不看电影、不看小说，漫画也不看，那打游戏总打吧，打游戏它里头也有各种城市，我觉得一定要先按照自己的心里向往的那个城市的方向去行走，千万别跟着导游去，导游就只会带你去各种地方消费，让你花不该花的钱。你按照自己心里想的那个地方去一趟。而且心中最美的那些地方要开车去，租辆车一天才20美元，远比你坐大巴、打车都便宜，最便宜就是租辆车，你开着车就走了，又经济又实惠。

所以我觉得这才是我，你要是问我为什么去游历，首先我不是因为要找创作灵感才去旅行的。我倒真没觉得因为某一片海滩，或者某一个教堂顶就能写首歌、拍个电影出来，我觉得要是那样的话就有点太可笑了，对我来说找灵感不是那么个找法儿。就是因为每一个作品都不对应某一件事或者某一个人，或者某一个地方，每个作品对应的都是一个人完整的一生。就我今天写出这首歌，或者这个小说，哪怕是首诗，它只有四句话，但是其实是因为我一生的每一天，而不是因为我到这儿说，捡一个雪包，放在这里雪就满了，不是那么简单的事儿，没有一个人说，我到哪里充一次电就能创作出一个什么样的经典作品，那简直是天方夜谭。没有一个人只充一次电就获得了诺贝尔奖、获得了奥斯卡奖、格莱美奖。

我觉得怀着这种功利的目的是没办法成功的，我如果坐到海

边抓狂地说，快快，灵感怎么还不来？你瞧，如果这样我就

完了，我就疯了。

回不去的八十年代

　　我年轻的时候其实应该叫 20 世纪 80 年代，因为 80 年代从文化上讲叫最后一个大师年代，那是最后的灿烂年代。因为大师们都集中在那个时期，一起爆发然后一起消失掉，大师都是成堆来，成堆走的。那个年代是很明亮的，就像海面上有很多的灯塔，那些灯塔指引着我们，让后来人不迷茫，有很多灯塔，我的青春就在那时度过。音乐上有很多伟大的音乐家，比如成立于 1976 年的 U2 乐队，他们自 80 年代蹿起走红之后，一直到进入 21 世纪的今天，仍然非常活跃于全球流行音乐乐坛，人家不仅能玩儿传统的另类摇滚也能将摇滚与电子舞曲相结合玩儿流行摇滚，他们对各种政治性的话题也从不避讳。还有就是大家耳熟能详的，集歌手、作曲家、作词家、舞蹈家、演员、导演、唱片制作人、慈善家、时尚引领者于一身的 Michael Jackson，他对世界乐坛的影响力不用多说，他的粉丝真是遍及全球。那时候摇滚乐获得空前的发展。国内的牛逼音乐人就是中国摇滚乐开山之人崔健以及对校园民谣有划时代影响的罗大佑。伟大的导演也都是那个年代爆发出来，我认为堪称大师的就是第五代导演，包括张艺谋本人，那个时候也堪称大师，他后来的作品我们不做过多的评价，但是张艺谋有张艺谋的长处。所以那个年代是最美好的年代，作家那时候成群涌现，王朔、余华、苏童、莫言等。那时候王朔每出一本书，简直就是洛阳纸贵，大家都排着队买。如今谁都不知道上哪儿去找大师。因为"文革"，所以 80 年代一开放就灿烂辉煌、如沐春风一般。通常在大规模的革命之后，或者大规模的战争之后，都会诞生一批大师。创作是有大年、小年的，我们出来的时候正好赶上是大年。最近的一个大年是在 21 世纪初，这边有朴树、许巍，那边有王力宏、周杰伦。之后就进入平庸时代了，我觉得这也不能赖到某个人身上。

在 1985 年 7 月 13 日有一场迄今为止最大规模的演出叫 Live Aid。当时非洲的埃塞俄比亚闹大饥荒，整个国家都民不聊生，英国的著名歌手 Bob Geldof 就说我们来举办一场公益演出，来赈济非洲灾民。结果全体欧美的流行音乐界在伦敦和费城同时开唱，演出一直持续了 16 个小时，并通过全球通信卫星网络向 140 多个国家播出了实况，估计总共吸引了近 15 亿的电视观众。全世界 100 多位著名摇滚乐歌星都参加了这次义演，还出现了很多大师同台献唱的场面。这在资本主义的美国几乎是不可能的。因为在美国一般只有自己公司的歌手才会同台献唱，不同公司的歌手是不会同台的。那时候大家很纯洁，就是想为灾民做点事儿。演出阵容空前绝后地强大，什么鲍勃·迪伦、保罗·麦卡特尼、布鲁斯·斯普林斯汀、蒂娜·特纳、艾尔顿·约翰、迈克尔·杰克逊、麦当娜等各种"大咖"纷纷登台献唱。Live Aid 这场演出真的能用空前绝后来形容，以前没有出现过，未来的日子里也不会再有了。

那个年代的我们是每天期待一张唱片，就等着他什么时候出一张唱片第一时间就去买，今天没人再去期待，现在不

要钱都没人期待。那时候我们要攒生活费，然后期待张艺谋、
陈凯歌的电影，等王朔的下一本小说，然后生活各种灿烂美好。
我们曾经的理想真的付诸实践过，真的为它做过最大的努力，
所以我们的年轻时代是绽放过的。或者叫淋漓尽致地挥霍掉
了，一点儿没留遗憾，特别值得怀念。在那个年代你说你是
干什么的别人都信，任何人戴一枚清华大学的校徽到全中国
去，没有一个人怀疑你，问你真是清华大学的吗？今天别说
戴校徽，你拿着学生证人家都不信，现在北京办假证的铺天
盖地哪儿都有，是不是学生都办一个学生证。所以我觉得那
个是一个特别美好的年代。在那个时代我是坏孩子，我经常
说我是好时代的坏孩子，但我觉得在一个干净美好的时代，
你努力学坏，也是干净的，也坏不到哪里去。而在一个肮脏
的时代，你再想让自己干净，发现身上还是落满很多灰尘。
所以我们很幸福，在那个白衣飘飘的年代到处流浪，人与人
之间互相信任，我其实一直很怀念我年轻的时候。我就是那
种明白的事情我就是能明白的，我不能明白的事情我也不用
花心思去明白。但年轻人不是这样，年轻人的慌张来自想想
明白每件事，但永远不能明白这个世界到底真的是什么样的。

我那时候流浪到海边的一个渔村，一进村子大家见面说你是哪儿的啊，我是哪儿的啊。我那会儿还没戴校徽，我这辈子只有俩月戴过校徽，就是那最关键的俩月，除此之外没戴过校徽。然后大家说你是哪儿的，我说清华的，谁谁是中央美院的，谁谁是中央音乐学院的，大家都流浪在一个渔村里。我们到现在都20年了依然还都有联系，后来发现没有一个人是骗子，他说是中央美院的学生他确实是，我说我清华的也确实是真的。今天在一个村里，大家说完了，估计没一个是真的，全是假的。就跟今天你出去玩儿，每个女生只要稍差的都说我是北京某某大学的、中央某某学院的，个把有追求的说我是清华的、北大的。

有一天我跟张朝阳、刘军还有一堆清华的校友出去玩儿，然后就跟别人说那个他们都是北京邮电大学的、中央戏曲学院的，我是清华的，我们仨看着一个女孩儿说（我们还没用清华切口，没问她你几班的这种校内切口，就是特别特别正常地说）你是哪个系的，然后女孩儿想了想说，我算术系的。你看这姑娘多诚实啊，她不吹牛自己是什么清华、北大的。她上的学少，就知道语文和算术，所以就说自己是算术系的，这其实没什么，丢人吗？我一点儿都不觉的。其实人不怕穷，也不怕有任何的问题，战争都不怕，怕的就是没有一个人说真话，没有一个人说真话的时代，就是最腌臜的时代、最不要脸的时代，所以这个简直是很要命、很要命的。

其实我不是很喜欢给某一代人贴上某种标签——什么黄金一代、垮掉的一代，给他们取各种名字，这些都是伪命题。任何一个时代里都有平庸的人、优秀的人，都有坚持理想的人，也有淹没自己理想的人，每一个时代里这些人的比例都差不多。不管年轻时经历什么样的时代，最后几乎都是大部分人陷入平庸、少数人特别失败、极少部分人极其优秀。所以为所谓的"几零"后贴标签都是不准确的。但无论怎样，美好的 80 年代都一去不复返了。

诗与远方

　　我不愿意让别人称我为诗人还是称呼我游子吧，我觉得
我配得上这两个字，而诗人我实在是不敢妄称，我觉得诗是
需要看尽了所有东西才能写的。对我来说，我觉得拿起笔来
就写的几个长短句，那只能叫作小品。但是真正的诗，一定
要看透了世间种种以后才能写，因为诗就是用来看透世事的。
人可以看不透就拍电影或者写歌，但是诗就是用来把事情看
透，所以自己要有能看透世事的眼睛。所以我觉得我还没到
那个境界，我虽然偷偷摸摸地也写诗，但是写完了以后连我
经纪人都说，还是不要出版了吧，说这好像对你形象不太好，
我说既然经纪人都这么说了那就算了吧。也许有人会说，我

的经纪人的审美标准未必准确。可是不管是哪一种东西都是要给大家看的，音乐也好，电影也好，诗也好。如果你不拿出来给大家看，即使你在青楼里写的，还是希望有读者，那最后你不能给大家看的东西又何必多费周折呢？

而且我是一个不冷酷的人，就是我觉得诗人需要的第一个气质就是要冷酷。所以我弄音乐、弄电影、弄小说，这些东西可以靠温度、靠热情去创作完成，然后当然有一点才华，还有很多命比较好的因素。但是诗人必须冷酷，就是如果你没有不够冷酷的眼睛，你就看不透，你看不透你就写不了。还有一种人看透了，但是他又不敢直面，你不敢直面的时候，那你写什么诗呢？所以我就觉得我写诗还是有很长的路要走。但是也有可能有一天会写。

我已经很久没有那种随时能涌上心头一首特别好的诗的时候了。小的时候满肚子都是诗，那时候专门有一个笔记本看见什么诗抄什么诗，抄了厚厚一大本，然后看见顾城的那首诗"小巷又弯又长，没有门，没有窗，我拿把旧钥匙，敲着厚厚的墙"。然后现在越来越没有这样的时候了，我觉得现在能配得上跟诗对应的东西太少了，你看不见什么东西是具有诗性的，或者配得上一首诗来描述的，真的没什么东西。所以现在想想都是流行歌词，经常看一个东西想起一句流行歌词了，毕竟现在是一个很娱乐的时代了。

诗歌在我心里有很神圣的地位，我认为它是七大艺术之首。当然了教科书上说七大艺术是从建筑开始排的，建筑、雕塑、绘画、音乐、舞蹈、诗，然后电影排最后。这可能是从诞生的时间相对的。因为人类最开始只有建筑，其他的都是后来。我觉得诗是应该排第一，就是如果按照离心灵的距离的话，就是所谓的远方吧，就什么东西最能代替最远方，那一定是诗排第一位的，诗能带你去最远处，然后才是音乐。然后才可能是绘画，然后才是建筑，虽然我们家全是搞建筑的，我妈、我妹都是搞建筑的，但是我一直觉得建筑是另外一回事。可能因为我对空间艺术不是很熟悉，我自己对时间意识就是所有需要在时间流逝中展现的艺术，有节奏的包括音乐、电影、文字、诗等，我自己都还比较喜欢，而且有感受。我看到现在卖好几千万甚至一个亿的那画儿，它们偏偏就是我特别看不懂的那种，就是大粗条往那里一放，看了就不知道什么意思。

其实我现在也能背出很多诗，但是我觉得没有什么特别的诗，也就是说今天我想起来，还能觉得特别的，唯一的一句就是我觉得北岛有一句诗到今天我还是能够感受到那种东西。比如我小的时候，我老觉得"卑鄙是卑鄙者的通行证，高尚是高尚者的墓志铭"，这有点儿意思。

可是真正我体会了人生，我体会了很多东西、看透了很多东西，是我到 40 多岁的时候，就不觉得这样的诗是很好的，因为我不觉得总结性的诗是很好的，我觉得只有特别凌厉的那种，比如说我现在还能喜欢一句就是"远方除了遥远一无所有"。我觉得特别好，远方其实就是只有远没别的东西，就是天天向往远方，远方有多远呢，其实就是一无所有，我觉得这句还行，就是因为我真的去了很多地方，我大概只有两次清楚地感觉到，这个地方就叫远方。不是因为距离，是因为离你自己心灵的距离很远。

有一次是在厦门。那是一个雨天，我背着包，看着我几乎一个字都看不懂的公交站牌，不知该何去何从。还好当时认出了站牌上厦门大学的字样，便果断上了公交车去了厦大。接着就邂逅了我日后总念念不忘的那段美好生活，以及曾给我巨大支持并谈了四年恋爱的女朋友。我还记得当时闻着那座城市陌生的气味，我突然觉得，哦，原来远方就是这儿啊，这个地方就是远方。接下来的种种际遇都让我感觉我是最幸福的人、最幸运的人，因为我还能曾经到过远方，偶然中闯入我生命中的那些人，在我心底留下了最深的印象。以至于20年后我们依然往来，感情依旧。只是厦门大学早已变了模样，曾经学校门口的小吃摊不见了，那是我多么留恋的味道，记忆中那些小吃比现在的任何珍馐都美味；曾经蜗居过的小村子也高楼林立，失去了我记忆中的容貌，那是我多么魂牵梦绕的地方，虽然生活条件不好，但是因为有了那么多和我一样有梦想的人，所以虽是寒舍但也有温暖。你们想，这事儿多有意思，后来我天天坐飞机飞来飞去，今天去这儿，明天去那儿的，我也不觉得是远，我从来不觉得纽约是远方、巴黎是远方，但是我第一次到了厦门的时候，我突然就觉得，哦，在这儿，原来远方就在这个地方。

用才华换美貌
▲ ▲ ▲

　　我的遗传基因决定我长了这样一张脸，如果说用我所有的才华来换取一张韩庚那样特别瘦、特别有气质、有范儿的脸，我还是不愿意的。再退一步如果说让我考虑只减去一项才华，那我没准愿意成全这笔交易，但多减一项都不行。如果真能用一样才华来换取帅气的脸的话，我就可以不拍电影了，也再不用当电影导演了，长那么帅我自己就直接演电影了，那多好啊。

　　但是话说回来，我还真不痛恨我自己的这张脸，因为我还蛮招女孩儿喜欢的，而且是从小就特招女孩儿喜欢。但是我问过人家说你为什么喜欢我啊，人说因为你事儿少，人家说，你知道在这个时代，这个社会里，大多数男人都是事儿×，就是事儿特多，嘴特别碎，本来没啥事儿，可是就是总说这个说那个的，然后就特烦人。女生普遍认为我是个事儿特别少的人，所以我就理所当然地招人待见了。我自己想了想也是这么回事，因为我心理健康、我超级乐观，在一个很多人都不健康的时代，我还挺健康、挺乐观的，所以我就招人喜欢。这辈子混得好就靠事儿少、嘴甜，第三项就不说了，我估计不说你们也知道是什么。就嘴甜，事儿少就可以了。但是话应该这么说吧，如果我长成韩庚那样，我不就也可以成为一个事儿×了然后也挺招人喜欢的人吗？我招人喜欢得靠事儿少嘛，我得靠忍着。其实我心里头也有不满可是我就不说，等我长得好看的时候我不就可以每天指责各种东西，我说这怎么不合理，这个地方不好等，不就可以变成有很多事儿的人了吗？我有点嫉妒长得帅的，我拍戏的时候，只要我跟韩庚、吴尊一块儿吃饭，那我就说这个饭馆不准有镜子，因为会给自己吓一跳。他俩脸都那么小，还那么帅，然后我就盯着他俩吃饭，还给人讲戏什么的，突然回头看一镜子，啊，就给自己吓一跳，其实没他俩对比我觉得我长得还过得去。

　　当时我们在清华大学的时候因为唱歌而喜欢我的姑娘那
有的是！不过姑娘喜欢的最多的还是宋柯，宋柯特别有范儿，
他占据了清华姑娘资源的 90%，男生都特别崇拜他，我们都
以跟宋柯喝酒吃涮羊肉为荣！宋柯为什么在学校最受欢迎，
因为他是校队后卫，清华大学那么多男生能踢进校队可真不
容易，再加上学校第一校园歌手，那还了得？那时候姑娘喜
欢的人就是会弹琴、打架、踢球，宋柯是清华校队的主力后卫，
而且弹琴唱歌可是唱到中央电视台去了，虽然抹着红脸蛋儿
人家吝啬给他镜头，可是孙国庆还唱过他的歌呢，一个学生
的歌能给歌星唱，那时候非常厉害了。而且我刚进校门的时
候对宋柯是如雷贯耳。我坐在草地上弹琴的时候，就有人在
旁边看着我说，你会弹琴唱歌是吗？我说是。人家说你认识
宋柯吗？我说我不认识。人家就说你不认识宋柯你还敢在这
儿弹琴？可见宋柯当初在我们学校有多受同学喜爱啊，尤其
是那些女同学。更主要的是姑娘那时候也不以貌取人啊！而
且长得像我这样的必须得找个漂亮老婆，因为本身这长相就
是负十分，找一个长相普通的老婆生出来那孩子长相都是得
负分。就得找个特别漂亮的媳妇，才能生出来那么好看的姑

娘来。

上大学时宿舍最好的位置叫作靠窗上铺，因为那边有窗户空气流通，要不六个男生都臭脚，那味儿就得把人熏死。最倒霉的是靠门下铺，这个位置就是谁来了谁都坐你的床。我家就在清华大学院里，我提前拿着被子去宿舍占领了最好的位置，然后回家吃饭去了。但是回来一看被人移到了最倒霉的那个位置。在大学里我当过生平最大的官儿就是寝室长，在我的带领下我们宿舍开始不打开水，我们就从别的宿舍提一壶开水过来。打开水是我们学校的一个体力活儿，得走好远去打开水。所以宋柯他们宿舍当时有一个"快速换胆法"，就是特别快地把暖壶的外面的罩儿跟瓶胆换了，这样就把别的宿舍打好的水换成自己宿舍的了。男生不给自己宿舍打水，但是老给女生宿舍打水。我上大学的时候还经常给北京外国语大学的一个女生宿舍打水。那个宿舍后来出来一个著名主持人叫许戈辉。后来许戈辉问我，你大一的时候看上我们宿舍谁了，总给我们打水。我说你太不了解我们清华男生了，我们是没有目标，只要有女生就行。话又说回来，就凭这张脸当时也得多给女生献殷勤才能在发展感情上有希望啊。

　　今年年初的时候我曾收到表姐的邮件，发给我最新出土的我俩童年在上海的老照片。我对于自幼相貌出众这件事不觉得稀罕，稀罕的是这组照片的标题《美楣里 18 号的童年》。我急忙致电表姐：咱们小时候在上海那条河边住了好几年的那条弄堂真的叫美楣里吗？伊说是的。我顿悟！原来咱打小就住在美楣里，"美眉里"！怪不得小的时候我就"相貌出众"，原来一切早已是命中注定！

▶▶不听老人言，吃亏在眼前

也许我唯一不满意的就是我这个长相包括这张脸和这个若有若无的脖子。我喜欢黄磊那张脸，有人说黄磊有黄磊的帅，我有我的帅。我很欣慰地听到过很多姑娘跟我这样说过，就是当时从小她们为了安慰我，一直都跟我这么说的，说人家有人家的那个，说人家那叫英俊，你叫帅，然后就是人家姑娘们老这么安慰我。公众人物对公众的估价一定要准。虽然这个肩膀以上是我主要挣钱的地儿，但我还是经常会跟电视台说从后边拍我吧，反正比前面好看，反正不就是听我说话吗？干吗非要弄前面呢？

我还有肚子，有肚子没事，问题是有肚子的人穿一小衬衫，中间裂开了这就不太好，但有肚子可以穿一长袍，过去的长袍挺好的，不仅显得有文化，还可以挡挡身材缺陷。人家不解地说，你这肚子不小，还穿一个小衬衫，这是为何啊？那没办法啊，我能嘚瑟呗，能嘚瑟就说明我还年轻，还有无限活力。尾巴还揪着呢，什么时候一松手就长袍马褂穿上了，那我就老了，最后能揪一下就揪一下。别说我了，这一点对女演员来说更明显，年轻时候那身材好到爆，就那种让人喷鼻血的身材锁骨都不带露的，就是遮得严严实实的，越老越露得多，其实都是一样，我年轻时还真没穿过这么紧的衬衫，那时我瘦的时候我都穿军装。现在穿瘦点的衣服，我至少是给自己一个信念，说我不能再胖了，我再胖就穿不上了，只能以此来告诫自己。

人说我胖了，我得正视这个事儿，可我不承认我胖，我现在也依旧认为我是微胖，因为我一旦承认我自己是个胖子就完了。我一承认我就最后一道防线都没有了，那更得胡吃海塞了，最后就得胖得一塌糊涂，啥都穿不上了。就跟女的不能承认自己老一样，因为一旦承认了一下就泄了，就整个人都没那股年轻劲儿了，一定要绷住那个劲儿，不能轻易松手。那天我还穿了这件短衬衫，非常不检点地跟陈丹青老师合了个影。因为当时没注意，等我想把那张照片拿出来看的时候发现正好大白肚皮露出来了。然后我一看人家陈丹青老师道骨仙风那样，旁边坐一个我这样的，哪像俩知识分子啊。那天是我、陈丹青老师、易中天老师在广州大剧院讲课，讲《民国的梦想》。然后就一人讲一课，最后我说一起合个影吧，最后一看哪像两位知识分子来讲课的，活像一个保镖跟着陈丹青老师一样。

我挺期待自己能有文化气的，有这种期许不是说我没有文化，而是那种能在脸上看出来的知识的底蕴，就是文艺的人追求做艺术家，然后再添一个仙风道骨，再来个瘦削的脸庞，那就完美了，标准就是陈丹青老师那样。话说回来，我的作品真不像长成我这样的人写的，长成我这样的人应该写摇滚乐。看国外玩儿摇滚的人都酷酷的，长头发，有的还挺邋遢的，人家照红不误，不仅没人嫌弃反而有人还争相模仿。

如果硬要说我长得帅的话，那只有一种情况，就是咱们发起了一个有肚子光荣、有肚子牛 B、有肚子有安全感、有肚子温暖，这样一个大型的一个活动。跟传销似的，让大家听了都被洗脑，都感觉有肚子挺好，有肚子非常自豪，然后美容院都增一个项目叫增肚子。我这么说大伙儿也别以为我是受过什么刺激，有过什么伤痕。什么都没有，就是北京人的幽默和自嘲。而我还没有嘲笑我别的地方的地儿，我感觉我别的都挺好的，就只能嘲笑这张脸了。

我看人家做仰卧起坐、俯卧撑，然后跑步锻炼，最后把肥肉给减了。我要能那样，我脸就不大了，脖子也不这么若隐若现了，你看我年轻时候的照片脸不就是现在这脸的一半大嘛。就是因为不锻炼，我一生最大的遗憾就叫不听老人言，吃亏在眼前。从小我妈我爸都跟我说，说你不锻炼保证长大了后悔，我老觉得没什么呀，其实最后不是那时非要锻炼出一个什么身体，要你年轻时候锻炼是为了找到一个自己喜欢的运动，这样你到 40 岁你还能做这个运动。我到现在最大的痛苦，是我没有一样我喜欢的运动。

我尝试过好多运动，我家地下室里弄一健身房，只要我坐沙发里看电影这电影就特别好看，我只要一上跑步机这个电影拍得简直太难看了，十分钟都看不下去了，我在任何一种运动里都会感觉烦躁。郑钧拉着我游泳去，郑钧一下水一千米什么问题都没有，我五十米就抓上了。人家问我抓什么呢？我两眼冒金星，在那儿抓金子呢，一下水我就完全不行了，嗓子眼儿发甜只能游五十米，所以这是我很大的一个痛苦。在运动这块儿我基本上是没戏了。所以大家还得听老人的话，老人都智慧这呢，年轻的时候自以为是，等到自己吃亏的时候回过头来想想，当年爹妈说的都是对的。

姑娘、爱情

以及家

顾影自怜的爱情

爱情每个人都一定会体验到的，因为体验爱情是不需要非得有对象的，无论你的恋爱对象是张三、李四、王二麻子，你在 18 岁的时候都能体会到爱情，因为这是生理决定的。那时候激素分泌旺盛，自然就觉得有爱的感觉。其实长大了，回想起来 18 岁爱的那人，甭管他是谁，那会儿都会夜不能寐，都会写各种长情书，都会各种心潮澎湃。其实那时候是在爱自己，根本就不是爱那个对象，而是喜欢自己陷入爱情的那个状态以及心理获得的满足感。

人会到很晚很晚才会真的爱别人，才能拥有爱别人的能力。一开始前面从十几岁开始，长达很多年的那个所谓的爱情都是爱自己，都是顾影自怜的爱情，都是觉得我那么爱你，我付出真心又收了一桶下水，下回再拿真心出去再换一桶下水。结果一不留神人家给你一颗真心，你又给人家一桶下水。唱《赤裸裸》的那个摇滚歌手郑钧说十对恋人里有九对互相伤害，只有一对是单方面伤害，我认为差不多就是你给人家真心人家给你下水，人家给你真心你给人家下水，就是人和人的付出永远对等不上，偶尔能对上的也不太好。你说你和一个人互相给了真心，你俩却把下水都给别人了，那也不太公平，凭什么呀，凭什么你俩把下水都给了别人了，而互相给了真心。所以基本上都是在这里边纠结的爱情，结果弄了半天都是一种顾影自怜的东西。

有人说《同桌的你》写得是爱情，这个写得还真不是爱情。要是硬说有，也只是一点点，并且是淡淡的那种。我自己写的爱情都特别淡，我就没写过浓烈的爱情，因为我就觉得浓烈的爱情根本不足以支撑一个作品。除非你浓烈到人的另一面去了，就成了波兰斯基的《苦月亮》那种电影了，深爱着人家，还得死命地折磨着人家。那有可能，可是我又没有过浓烈成那样的爱情，必须得给人家胳膊腿砍了供到那儿折磨人家才行。我觉得可能 A 型血的人能体会最深的爱情吧，我们 O 型血的人就是可以聊聊，也不错。然后最终真正的感情是当你上了年纪之后，你真的可以爱别人，而不是爱自己顾影自怜的那种东西。所以我老婆也觉得，找一个大一点儿的挺好，因为我们在一起我是可以爱她的，我已经具备了爱别人的能力，我早已过了爱我自己那些东西的时候了。如果一个女孩子和同龄的男生谈恋爱，那这个女孩儿一定要学会宽容，因为同龄的男生的成长要比女生艰辛。男孩儿每隔 5 年一想 5 年前的自己都想找个地缝儿钻进去。所以女孩子还是找一个比自己大一点的好，至少这样的男生更成熟些。要是姑娘真是爱上个和自己一般大或者比自己小的，那也不是不行，未必人家那样就不幸福，姐弟恋的有的是，并且还流行过一段时间呢，不也有老话儿说吗"女大三抱金砖"。我只是觉得如果那样的话女孩子太累了，女生还是少受点折磨、苦难的好。

　　到现在为止我的婚姻生活都非常如愿，我相信以后也会

一如既往的如愿。因为我到了 40 多岁这个年龄了，我想象的
东西能做到，我能控制住这个家庭、婚姻让它按照我想象的
去做、去走。我年轻的时候确实也想象过很多，我相信每对
年轻恋人吵完架的时候，都想象说，咱们能不能过一种永不
吵架的好日子？心里想的都挺美好的，不吵架、不说分手，
问题是您心智没成熟到那地步，您控制不了的，尤其是同龄
的男孩比女孩还不成熟，所以就导致他没办法控制住自己的
情绪，更没办法控制自己的爱情走向。年轻人的恋人经常是
特别爱生气，有点小事儿就能吵起来，吵起来了就不理智了，
一赌气什么话都说，最后肯定分手啊。更可悲的就是有的时
候分手了就是为了赌气，因为赌气而分手，心理面还特惦记
着对方。总想着对方能先回来承认和错误然后涛声依旧，可
是年轻的时候不懂得如何爱的人太多，不懂得忍让的人太多，
最后刚开始是赌气而分手，最后就真的分了，回不去了。

　　我和我老婆我们俩不吵架，我们俩已经忘了有多长时间
没有吵架了，很久了，印象中一年两年可能都没有吵过架。
这就是我比她大的好处。我有足够的心智对她的价值观、审

美观、人生观进行影响，然后纳入到我的轨道里。我教给她很多东西包括什么是美，比如音乐之美是什么、电影之美又是什么样的，总之就是各种美。当然她也教给我好多东西，因为她现在是时装设计师，我现在穿得比以前好多了，我以前就是那种穿的跟屠夫似的。所以到旧金山的时候就是有什么事我还不敢往前冲，因为我长得像那边的某独分子，一不小心被人抓起来就完蛋了。

　　我老婆年轻我自然会教她，我也不是为了让她听我的。这是没有预谋的，不像某些人想的那么阴暗。我自然就会影响她，她跟我一起这么多年，我自然会用我看过的书、看过的电影、听过的音乐，我带她去的国家、带她去的地方，然后给她讲的每一件事情，自然而然地就会影响她。我觉得这种影响肯定不是出于控制欲，而是出于我们在一起就像水一样它就会流向平衡，她也影响我很多，我也影响她很多，这个影响是相互的。而且我们在一起生活没有觉得差了十几岁，她虽然小，家里好多事儿我还得听她的呢。

　　也正是因为老婆比我小很多，我现在唯一发愁的就是，她会不会有一天跟我说："就因为你，我本来有的理想、梦想都没实现！"我不是怕了，而是我爱一个人才会去给她琢磨这个事。我多次询问我老婆，你的人生理想是什么啊？你要是真的喜欢衣服、喜欢时尚啊，如果那样就太好了，这些都容易实现。你要是有什么宏大的理想，那就太可怕了，别你到 30 岁了突然想做居里夫人在家里支个锅提炼化学元素，那可就什么都晚了。

爱情，你在召唤我吗？

　　我觉得一个幸运的、幸福的人就是你会在一些关键的时刻，能清楚地听见远方的召唤，其实爱也是一种召唤。每个人都曾经听见过、清楚地感觉到，哦，这就是爱情。我觉得这也挺好，而且是不犹豫的。因为有些人必须得说服自己，说，好吧好吧这就是爱情吧，就这么着吧。但是你要有特别透彻的时候，你就看着这个人，或者其实没这人，或者这人根本不在眼前，但就在那儿，他在你的身体里和你神交已久然后你会突然觉得，哦，这就是爱情，真有爱情这种东西。小的时候不知道爱情是一滴水还是一股气还是飞来的一块砖头，而且你没有，你恐怕自己永远也不清楚爱情它是个什么东西。

直到有一天你突然知道了，哦，爱情原来是这样的，能体会到爱情的感觉原来是这般美好。而且我们还经历过那个时代，还曾经感受到那种召唤，实属命好。所以就是在一辈子的成长过程中，什么样才是最幸运的，就是说人在这个年龄就应该受到这个召唤，下一个年龄受到下一个召唤，因为人不能等到 40 岁再被爱情召唤是吧。也不能等 80 岁突然被远方召唤了，这有点儿太吓人了。所以我觉得人在不同的年龄，被不同的东西召唤的时候，你都听见了，你都被召唤到了，所以你该觉得好像自己抽到了那根上上签一样，幸运得一塌糊涂。

　　爱情和远方之间没有可以直接连接的地方。远方就是从人心里感觉到一个地方特别遥远、陌生，但是就是有那种被召唤的感觉。这种感觉不是在哪里都有的，不是有了空间上的距离就会感觉到遥远，感觉到被召唤。我在南极的时候够遥远够陌生了吧，但我没觉得南极在召唤我。我第一次感受到有远方的感觉是到厦门，下了船之后，一摸兜里，就只剩下 10 块钱了。那天还下着大雨，我一个人都不认识，也回不去北京，就 10 块钱哪里也去不了。然后我注视着那站牌子，站牌子上哪个地名我都不认识，都是那种特怪的闽南地名，然后还有些字我不认识，用那个闽南话标出来的那个字，普通话很少用到那些字。所以看了一下那个公共汽车站的牌子，又闻见一股特别咸腥的海水的味道，下着大雨只能在那儿淋着。然后突然就来了那种召唤的感觉，就仿佛有人告诉我远方到了，这地方就是远方。因为我在厦门有这样的经历，所以我跟大家说旅行千万不要用GPS，因为GPS它只给你指一条路，它把你看到周围的那个可能性给你剥夺了，一定要拿地图看，因为你并不知道去哪儿，当你不知道去哪儿的时候，GPS一点儿用没有。当你不知道去哪里的时候，站在一个完全陌生的环境中，你心里才能有陌生的感觉，才能从心底里感慨，原来远方就是如此的模样。

我年轻的时候就一个人，那时候两手都是茧子，因为一只手一直提着把琴，另一只手一直提着一个箱子，然后就一直这么提着东西到处跑，最后就到了苏莲托。在看地图的时候，看着看着突然看见意大利南部有一个特别小的一个小镇，你要在一般的立体图上你绝对看不见，你只有在地图上那么大的比例尺才能看见。我说这个，是不是那个苏莲托，我就问一堆意大利人，是不是那个 la xi do ri mi do mi，意大利人特别热情，大家一起说是的是的。我说，再见，我走了。我就赶紧开着车，因为意大利都是火山，所以意大利的海边都没海滩，你在南方意大利看到有沙滩的海边，那沙子一定是卡车运过去的，就像夏威夷一样，夏威夷的海滩的沙子都是人工运过去的，灿烂的阳光海滩都是人工的。因为它是火山岛，四周都是绝壁，沿着意大利西岸都是悬崖峭壁，路就在那里凿出来的，然后你看着特别美的那海，没隔几公里还鼓一个包出来，就为了让你停车在那儿看看风景，看人家的设计多么人性化啊！

然后我就连夜开到了苏莲托，它其实是在悬崖顶上，像蝇头一样的那么一个小镇。几百级的石阶一直下到海边，一共有两家小旅馆都是满的。我就睡在车里，然后睡之前，透过窗看这片海自言自语说，我 6 岁的时候，我吹的第一首曲子是《重归苏莲托》，那第一次让我感觉到音乐是有生命的，它在我心里头长出来了，今年我 27 岁，时隔 20 多年，我终于来到这个地方，来到了苏莲托。当时我还掬了一捧老泪，哭了一鼻子，就觉得这多好啊，我觉得这才是值得流泪的事，至于什么你爱我、我不爱你什么的，这值得流泪吗？就到那种地方，回到那种地方，才是应该去掬一捧热泪的地方。虽然当时哭的时间并不长，但我还是流了眼泪。我从来没有长时间地哭过，我是 O 型血，O 型血通常哭 1 分钟，A 型血能哭一天，而且你还不能劝，越劝越哭，但是你又不能不劝，你不劝他自杀了。所以我很感性，但是眼泪流得快，没的也快。但无论怎样，我们都要有一颗能被爱情、远方召唤的心，只要有这样的心就好。不要什么都不期待，一心向钱看，那就完了。

年龄不是问题

恋爱、婚姻中年龄决不是问题，谁也不用担心我和我老婆我们两个的年龄差距会产生代沟。两个人在一起就会迅速地往一起融合，生活是最好的粘合剂，我觉得没有任何问题。同龄人就能沟通吗？很多人很难沟通。年龄什么的不重要，重要的是人得有值得别人爱的部分，人和人之间，只要在一起生活，就会迅速拉近彼此之间的距离，只是互相习惯、互相理解、互相包容的过程长短因人而异。甭说我了，我在加利福尼亚州的时候杨振宁和翁帆来，我给他俩当司机，我都没觉得他俩有什么差距，他俩感情非常好，我去机场接了他们俩。我心里也没感觉到一点儿的不自在，反而我觉得特别感动。我在加利福尼亚州，他们俩来，因为杨先生跟我们家世交而且关系非常好，我就去旧金山机场接了杨先生，陪他们俩几天。我特别感动他俩从头到尾一直手拉手，一刻都没有分开过，她们一直是热恋的状态甚至更多的是习惯。人家这才叫情深，人要是不喜欢彼此的话，拉一秒钟都受不了。他们聊得很好，感觉有说不完的话题，杨先生有大智慧，连他们我都没感觉到有什么问题，我都觉得挺好、挺羡慕的，更别说我们这差十几岁的，我觉得我和我老婆也很幸福。

那次见杨先生让我感动的有两点。一个是他们俩一直都牵手，他们两个人根本没必要表现给我看吧。杨先生是我更上一辈人的世交，我是杨先生孙子辈的人，当然在我面前他不用装，人家就是有感情，就是喜欢和心爱的人手拉手。第二个我觉得特别好的就是不畏人言。就是你们爱说什么说什么，人家不畏人言，不管别人怎么说，更不怕别人说什么，杨先生已经到了那种境界，这是非常难得的，有多少人每天活在别人的口舌是非当中，因为别人说这说那而影响自己的情绪和生活。杨先生当年得了诺贝尔物理学奖，他对科学所作出的贡献，我觉得不是一般的科学贡献，那是能上升到很高的哲学高度的贡献，就是永生不守恒定律。永生不守恒定律不是你发现了元素周期表里的第 107 号元素，不是那样的，那是一个高屋建瓴的贡献，我觉得就是大概只有几个伟大的科学家才能做到，他们一下子打开了一扇窗或者开了一扇门，给了后来人一个研究的发现。你要说相对论是开了一扇门，那永生不守恒定律至少是开了一扇窗。

因为当时没有任何实验证据，他用数学式子证明了，这世界上没有任何东西是守恒的或者是对称的。这个贡献可不光是简单的一个科学贡献，说您发明了一存储器或者说您发明了一个什么东西，那根本就不是一个级别的。有一次我接杨先生，我们俩在湾区在硅谷做了一个给清华募款的晚宴，我当然就弹弹琴、唱唱歌就完了，杨先生用英文做了一个经济学的演讲，而且讲得非常好，不讲物理、不讲数学，人家深入浅出、旁征博引的，把问题分析得相当透彻。所以杨先生是通才，是看清了这个世界的人，他有那样的优秀的人格，有自己的坚持，所以他根本不畏人言。以前人们都说人言可畏，更有因为人言可畏而自杀的大明星阮玲玉（虽然后来有人研究说阮玲玉的死因是因为唐季珊的无情和冷酷，但在此我们就不探讨了）。杨振宁是别人爱说什么说什么，他不管这些世俗的眼光，不关心其他人的看法。他俩而且没有任何所谓的成心不畏，没必要故意做给别人看啊，人家是根本没把你放心里，根本没把你放眼里。人家就手拉手，你们大家随便看，而不是年轻人那种我就要这样做你怎么着的样子，人家不是，人家特平淡、特美好。

因为我了解杨先生，我对于那个可笑的中国记者把杨先生放进娱乐版里去说，我觉得真是可笑至极。因为杨先生是对人类做出过伟大贡献的人，杨先生的永生不守恒定律是那种叫基础性的突破，引领的不是说一个细枝末节的一个科学发现的问题，所以他对人类是有伟大贡献的人。毕加索90岁时还找一个19岁的姑娘呢，我觉得这没什么，恐怕大家也觉得没有什么，杨振宁先生的事情会这样，就是因为杨先生是中国人。伟大的人有伟大的灵魂，有永远不老的那些青春，我觉得没有问题。最重要的是别管年龄多大都必须有值得人去爱的东西。您说您年轻，您18岁您是年轻，您身上没有一样让人爱的东西，您除了一块肉确实没有什么让人爱的东西。您的灵魂暴露出来的就是每天在网上骂这个名人、骂那个名人，轻信各种谣言，然后用各种恶毒的语言攻击别人，在网上各种微博里骂这个骂那个，您有什么招人爱的地方，您虽然只有 18 岁，虽然在最好的年龄阶段，但都没有让人觉得特别值得爱的地方。

一位 80 岁的大师，他拥有伟大的灵魂，高尚的灵魂，对世界有透彻的认识，被一个硕士女知识分子爱上了，这不是天经地义的事情吗？那有什么不应该的吗？翁帆是文盲吗？翁帆是硕士研究生吧。一个读了那么多年书的人，对一个伟大的、而且拥有非常智慧的思想跟灵魂的人产生爱情，这多正常啊！就像有人爱上爱因斯坦我觉得一点儿问题没有，如果有一个年轻人爱上爱因斯坦，他也不会登上娱乐版去闹去。那不就是因为杨先生是中国人吗，人们就是有点被误导了，就觉得外国人没问题，外国人怎么着都好，外来的和尚会念经，人家就有开放的传统，我想不是这样吧。美国人很传统啊，他们珍视爱情、珍视家庭。所以大家对这样的事情是有偏见的，有的时候是被误导了。毕加索在世的时候没见过一篇文章骂他的，90 岁的人找一个 19 岁的姑娘大家都能接受、能包容，甚至人家百姓的态度就是爱因斯坦的事情和我有什么关系，过自己的日子就好了，人家是这样的态度。如果有人爱上爱因斯坦大家也不会说什么，杨振宁这样就有一堆人说人家杨先生这不好那不好的，还好杨先生一点儿没往心里去，一点儿都没当回事儿，以至于我在这儿说都感觉自己挺猥琐。大多数人都远远不如杨先生的境界，人家能看透这世界上的一些东西。

如果杨振宁是我的父亲，我会更感谢翁帆、对他们更好，因为有人陪伴我父亲、有人照顾我父亲、有人给他安慰，这些也许是我做不到的。在古代还要给人家下跪，在以孝为先的古代是必须要给人家下跪的。我得感谢人家抚慰我父亲的心灵、照顾我父亲，那我还能怎么着啊。也许有人心里会感觉受不了，可是我心理上这没有任何异样，这有什么啊，我觉得一点儿问题也没有。我们家世代都留洋，我觉得今天不留洋也没人有那种心情啊，有人照顾你爷爷、有人照顾你爸爸，他孤单非常希望有人陪，他找了个他喜欢的人陪伴他，难道我还要打人家去吗？难道不是应该心怀感激吗？人家抚慰你父亲的心灵，且不说我们家从小根本就没有多少那种中国的传统，传统中国的东西也没有那么想过。就算在传统中国，在古代也得有人照顾母亲、有人照顾父亲。

这方面不光我没问题，我妹妹也没问题，我们两个都没问题。这一点儿不伟大，这是正常做儿女的应该做的。虽然有些人他们毕竟跟自己的母亲生活的时间更长，看到自己的父亲和另外一个女人生活，他们心理会有一定隔阂和障碍的，并不是说希望他孤苦伶仃。但是只要我父亲他快乐就行，这才是第一位的，如果他一个人养条狗特快乐，他就不要别人，好，那我就给他养条狗，谁也没非逼着当爹的给自己娶一后妈呀。问题是他如果有一个伴儿他更快乐呢，那他就找一个伴儿，我们谁也不会拦着，不仅不拦着还得对人家好。人首先想到的就是，什么叫孝顺？就是他快乐就是最重要的，让他快乐，他愿意有一个伴儿，他愿意有三个我都同意，只要他快乐。当然我没碰见这种事，如果要碰见了，我当然也不会干涉，我不会说，爸不许你有仨你只许有一个，我当然不会干涉他，他愿意怎么生活就怎么生活，他快乐就最好。

从小我们跟父母之间的关系就没有那么严重，他们有他们的生活，我们有我们的生活。他们对我们也没那么严重的依赖，我高考去、我妹妹高考去，我爸妈谁也没送过、没接过我们。我就大街上拦了一辆不认识人的自行车，说叔叔我借您自行车去高考，下午再给您还回来，我就骑自行车高考去了，中午也没人给我送饭。我高考的时候还忘记带准考证了，老师差点没让我进去考试。找完了以后都已经快开始了。班主任在门口等着特别着急，可我进去后发现准考证找到了，但是没带笔，然后找监考老师管人家借根儿笔。现在哪个孩子高考去家长不是啥都给准备好了啊，准考证恨不得印个百八十份，各种笔都备下好几支，我这样的状况人家才不会出现呢。我妈有一年回国还问我你上高中还是大学呢，我说我快上大学了现在高三了，我妈妈都不知道我当时上几年级。所以我们家本来没有那么严重的依赖，说非得谁干涉谁的生活。他们对我也不干涉，从小我该谈恋爱的时候谈恋爱，他们也没说你不许谈恋爱。现在我更没权利说他们，我还有权利说我爸我妈，谁给我的权利呀？

对于我父母的事情，我更不会在行动上表达一些不满。除非是这样，我父亲对某个人有很大的不满，他不知道怎么去说。因为只要他快乐，他跟谁在一起我都高兴，有一天他跟这个人在一起不快乐了，但是他又没办法，那好，我有办法，这样的事情我可以做，不用让我爸为难。我妹的事情搞不定，也是我出面啊。这也不是说我比一般人有高水准、处理的办法多，有的是比我厉害的，宋柯、郑钧都比我厉害多了。因为他们都是我的至爱亲人，我希望他们好，只要他们幸福怎么着都行。

这也不叫先进观念，因为在西方也有不让爹娶老婆的，说来说去这还是个人的选择。当然西方是更多的不会干涉父母这样的事情，因为大家从小深受自由跟人权的教育，就是说每个人有自己天赋的权利，你没权利干涉别人的生活，这是西方人根深蒂固的想法。所以我有什么权利干涉他们呢，他愿意有仨还是有一个，他愿意养条狗还是找个女人，这是人家生活的权利，就因为人家把我养大了，我就有权利管人家吗，说爸妈你们不许这样也不许那样，我有什么权利呀？

儿女是不能选择父母的，就算是能选，我也还是选我自己的父母。因为就算再优秀的俩人，他们那身体里也有坏基因，你怎么能感觉你挑基因的时候那么准，把那好的基因都给挑出来。你没准是诸葛亮生的，没准诸葛亮聪明的基因没挑着，把诸葛亮老婆的笨基因给挑来了，所以这个没法说，诸葛亮长得挺帅，老婆长得难看，你说他俩生的孩子，怎么弄？到底怎么挑？我觉得我从我爸妈那儿挑出来的基因，已经是我能挑到的最好组合了。

我也别意淫我爸是爱因斯坦什么的。上帝是公平的，谁要有那么长的长板一定有特别短的短板，那个短板其实挺可怕。所以千万别让我老爸是个爱因斯坦那样的人，而且我万一崇拜我爸，崇拜到一辈子还得干涉我爸婚姻什么的那多痛苦啊。爱因斯坦的医生崇拜他到什么程度有人知道吗？后来有人说谁谁谁的粉丝有多疯狂、有多爱某个人啊什么的，我说这算什么粉丝啊，真正的粉丝是爱因斯坦的医生，他喜欢爱因斯坦喜欢到爱因斯坦死后他把爱因斯坦的脑子偷走了，偷走以后做了切片，提着爱因斯坦的脑子，去了世界每一个美丽的地方、每一个海边。然后每到一个地方把箱子放在那儿就说，Albert 我们到了好望角现在我在陪你看海，然后一会儿又到了一个大山上，就说 Albert 现在我们到了这个地方我在陪你看山中的景色。

警察一直在追查这个案子说这脑子上哪儿了，因为爱因斯坦的脑子这可是人类重要的遗产，这哥们儿给偷走了，警

察用了好多年都找不到，最后医生自首去了。他说是我偷走

的，但是我已经完成了我的心愿，就是我可以一个人陪着他，

或者他陪着我走遍了世界。谁要是有这么一个人当爹那多可

怕，我觉得还是平凡一点的好。我能挑来的我爸妈的好基因

基本都挑来了，只有一个没挑来的，就是大家都不相信我爸

我妈长得特别好看，我爸长得特别帅，我妈是当年清华的校

花，我努力地挑了读书和乐观的两个基因，就是这脸长得有

点对不起观众，我年轻时长得还凑合点儿，反正比现在好很多，

现在是长裂巴了。

选老婆的标准

　　我说过老婆是我奋斗来的，我选老婆也是有标准的，她首先得是个 B 型血。哪个国家都有 O 型血，但是对我来说这样的人是不能当老婆的人。我老婆就是 B 型血，这在我俩好之前我就已经全方位地了解过了。因为我就是 O 型血，O 型血容易冲动，我要再找 O 型血的老婆，这日子俩人就别过了，两天不吵三天早早地就吵上了。再加上 O 型血的女人本身就特别能爱，特别容易见一个爱一个，还是别娶来当老婆了，我想过稳定的生活，不想生活有那么多的波澜，对不起，伤害了 O 型血的女人。所以我觉得首先她得是个 B 型血，然后才说是哪个国家的，如果让我选我还是选中国的。因为我熟悉她、我懂她，日本女人再好我还得跟她说日文，中文我爱你仨字儿就说完了，日语得说那么多的字儿，这多烦啊！

　　我是这么想，因为我自己去过全世界很多地方，在国外生活很久，我看到的是不要说移民到那里的人，就是在那里出生的，比如我亲表妹就是美国生、在美国长的，她从来没跟华裔以外的人谈恋爱，当然她也没跟移民谈过恋爱，她都是和华裔谈恋爱。因为同民族的人有一种天生的默契感、彼此之间不用说什么就感觉自然而然地吸引、感觉很熟悉，这种默契和分寸感是别的民族再好、再伟大也跟我们没关系的，我们就爱吹牛，那就找一个也爱吹的大家一块儿吹不也挺好吗。你看加利福尼亚州那么多越南裔的，那越南裔的姑娘她就和越南裔的男人在一起。你看到越南裔的姑娘长得特别漂亮，可是人家就找那么矮的、那么瘦的一个越南男人。韩裔的他就跟韩裔的在一起，所以还是同一个民族的好，不仅亲切还有默契。他们都是美国生的第二代、第三代移民，你其实也很少看到跨民族的这种东西，反而刚刚移民过去的人倒愿意找一个白人，我觉得他也就是新鲜新鲜，新鲜够了还得找本民族的。

找老婆是一回事儿，谈恋爱那是另外一回事儿，有人说我年轻的时候还在法国或者在美国谈谈恋爱呢，那真是另外一码事儿。但你真的说要我找一个外国老婆过日子，那绝对不行。美国姑娘的语言以及那种情感表达方式我觉得挺有意思，他们跟我们确实不一样。但是最终结婚成为至爱亲朋，得互相了解、有那种共同的根基，无论是谁哪怕让我选一百次我还是选中国的姑娘，还是中国姑娘好。

　　我只要 B 型血的老婆，AB 型、A 型、O 型的姑娘都不可以。A 型的人太爱钻牛角尖，而且太能爱，就是爱得死去活来的，然后你就承受不了那种爱。本来好好的爱，最后成了负担，让人喘不过气来。O 型血的人比较奔放，我给大家举个例子，就是我对血型的认识，因为我是不信星座的，我认为生命科学首先必须得遗传，它不遗传就不叫生命科学，星座是不遗传的，所以我认为星座不可信。第二，生命科学必须不能是十二平均分，它一定是二八开的这种定律，这样才是符合进化论跟生物科学的。所以星座十二平均分，全世界的人平均分成十二种人，这怎么可能呢？怎么想都是骗人玩儿的。因此同星座相比我更相信血型对人性格的塑造。比如一桌人冷

085
姑娘、爱情以及家

场了，坐在那儿吃饭没话说了，凡是那个第一个跳出来说，你还记得那年咱们怎么怎么着的人，这个人保证是 O 型血。O 型血一定会这样，因为他热情奔放，他受不了冷场，一冷场 O 型血就着急然后就赶快找一个大家都能参与的话题，和大家一起聊天，把这个气氛给带动起来，这是 O 型血。你看那着了半天急在那里想不出话题的，就是 A 型血。因为 A 型血的人特别着急，想着冷场了下一句说点什么，然后怎么想也想不出来，干着急。最后你看那个抠着指甲自己怡然自得不觉得冷场的，那一定是 B 型血，B 型血的人随遇而安，他不觉得冷场了，他觉得没事儿，挺好的。B 型血的人无论怎么着都觉得挺好的，他们根本就不太关注外面的环境怎么变化，自己和自己就玩儿得挺好。通过这个例子你就能看出 O 型血的人和其他人的不同之处。AB 型血的人一会儿就看见他"哇啦哇啦"说得满桌子的人笑得都不得了了，眼泪都掉下来了，他自己在那儿也特激动。一会儿他又特忧伤地看着一个桌角，一个小时也不说一句话，这就是 AB 型血，这样的人就是一阵儿这样一阵儿那样。我是 O 型血，尤其是 O 型血男的，找个 B 型血的女的，我个人经验是觉得非常合适的。

A 型血的人爱得太死了，太钻牛角尖了，搞得大家都很痛苦。最后得到的都不是原来想要的那个样子，本来是一段美好的爱情，最后变成那种你欠了我，我欠了你那样。A 型血的人就这样，特别钻牛角尖儿而且特别轴。但话说回来，估计 A 型血的人是能体会到最深的爱情的人。能体会到最深爱情的人，幸福的时候无比幸福，痛苦的时候比任何人都痛苦，就是极端。再说说 AB 型血的人，AB 型血的人就是他一会儿爱你爱得要死，一会儿就忘了这码事儿了。最开始的时候飞蛾扑火一般就扑上来了，人家过两天突然没事了，他 B 型血的特征显示出来了，说不爱就不爱了，翻脸比翻书都快。宋柯就是这样的人，典型的 AB 型血。宋柯是我的搭档，就是做音乐一辈子都跟我搭档的那个，现在卖烤鸭那个著名的烤鸭宋，他暂时开烤鸭店去了，用他自己的话说就是"我得体会一下我的劳动人家愿意付钱"。因为没有一个人吃完一只鸭子说"我应该白吃，你收我吃鸭子的钱就不是为人民服务"。可是做音乐比做一个鸭子花的钱多多了，付出的劳动也多，可是大家就觉得"凭什么听音乐就要给钱啊，你要钱就是为了钱才做音乐，你就不是艺术家了，我就不爱给钱"。宋柯已经被网络侵权伤透了。未来他还会回到音乐这一行里，但他得先卖两只鸭子，体会一下劳动有回报的喜悦。烤鸭宋就是 AB 型血。一会儿爱得死去活来，可一转脸就不是他了，我觉得这也挺可怕的。但是人家宋柯还有一个本事，当初我们学校多少好姑娘都跟他好过，最后没在一起，没有一个姑娘怪他的，而且没一个说他坏话的，甚至还感觉非常留恋。这个一般人学不来，估计这主要是生理差异。宋柯还有一个绝招就是摔酒瓶子，他给女生唱完歌之后说，走，咱俩溜达溜达去吧。女生就说这多不好意思啊，我们刚认识。人家宋柯就拿起一个酒瓶子"啪"就摔在底下，然后特别酷地就走了。结果就是姑娘永远都在后面就跟上了，说，那就聊聊吧。有人说我们玩儿音乐就是为了追女生，其实我们不是为了追女生而是为了被女生追。宋柯在学校已经给追得达到抱头鼠窜的地步了。那时候的女生特有范儿，在舞会上的时候就可以把自己的围巾套在男生的脖子上然后和自己系在一起。清华男女比例 7：1，参加个舞会你就看只有中间一小圈女生外面围了七圈男生跟个大饼似的。要是请女生跳舞得说，第七支舞可以跟我跳吗？

两个 O 型血的人容易吵架，所以还是找一个 B 型血的人好，她比较柔软，也比较辽阔，也比较随遇而安。虽然她不是那么能爱，但是干吗要那么能爱啊？每次都爱得自己遍体鳞伤有什么好的？就这样自然、自在、自得其乐是最好的。我在北京的时候很少想结婚的事儿，因为有大量充实的夜生活，每天晚上莺歌燕舞，大家共同出去混。但人在美国的时候你就会特别想有一个家庭，因为那是一个特别平静、简单的社会，大部分美国地方很保守，根本不是大多数人想的美国人都开放，都提倡性解放什么的。大多数的美国人在南部的中学毕业舞会就订婚了，布什跟他老婆就是。我老婆也一样，虽然年轻漂亮但她很怕动荡的青春，她不爱混，也非常不会混，是那种只在小圈子里生活、玩乐的人，我们就是挺简单地在一起了。她又是 B 型血，我爱她的随遇而安，更爱她的干净。

父爱如此自然

　　每次录访谈节目我都提醒观众，千万别拿手机录像，因为我万一一不留神说出不好的话，那播出去就不太好了。还好节目组能够把握尺度，什么能播什么该剪他们心中有数。上次去一个网站做节目，正赶上父亲节，主持人给我看了一个有关父亲的挺文艺的片子，也是通过这片子，我发现这主持人还真是一个文艺女青年。电影我觉得一般，有点为赋新词强说愁那种感觉。我觉得有两个原因，一个是我已经过了特别多愁善感的年纪，第二觉得父女之情根本不需要渲染。它就是像春天会有风，像一粒种子种下去会长出来一样自然，不需要你弄些什么样的东西去渲染它，或者激发它那个情感出来。

我觉得一个父亲爱自己女儿，根本不需要看这些东西，什么也不用看，他就会爱自己的女儿，因为这是最基本的生物或者进化论决定的。不光是人，即使是一只鹰、一只狼，它也一样爱自己的孩子，不要说狼了，甚至是一只蟑螂，它们都会爱自己的后代，所以我觉得这个不需要渲染。而且即使要渲染，我可能是因为在国外这些年，主要都是在洛杉矶、好莱坞这边，这边对于这种东西都是坚决地认为都是纽约搞的，纽约学派就得弄这种东西。然后好莱坞的基本想法还是说真实、细节，能落到地上。如果真的要做父女情感的东西，我觉得不需要任何抽象的解释，或者给谁讲一个道理，就各种生活中的细节就足够了。

我现在还没资格导演父女或者父子题材的电影，因为我要等我女儿成长，我要看她成长，才能说这个事儿我是怎么想的。当然我看过很多，因为好莱坞有很多讲这些东西的片子，比如由詹姆斯·L·布鲁克斯导演并赢得第56届奥斯卡金像奖最佳影片、最佳导演、最佳改编剧本、最佳女主角、最佳男配角共五项大奖的《母女情深》，李安也拍过《饮食男女》

这样讲述家庭的温暖电影，我也看过很多类似的电影。你哪怕就是一个信用卡广告，女儿上大学要走了，爸爸舍不得女儿，往兜里塞一张信用卡，这就挺好的啊，当然这样的题材你只要细节处理得很好大家都会觉得挺好。但是我觉得这些都属于最基础的情感，就是人跟自己的后代或者跟自己父母的感情，这都不需要特殊的渲染。至少我到这个岁数，我 40 多岁了我不需要看一个东西才发觉，哦，原来父女有这么深的感情了。看这样的片子也不会因为这个电影而想起我父亲。如果人已经没了，有可能会特别感动。但是如果父亲都还在，都活得挺好的，我看这个就还没有那么深的体会。

我现在已为人父，有了女儿之后，我最大的一个改变就是变得正面了。现在每天肯定也会接受到很多负面的东西，这个和社会无关，因为在任何社会都有负面的事情。但有了女儿之后，我不由自主地就变得特别正面，因为觉得老天给我太多了，如果有点负面的东西我也会觉得这是老天在给我平衡平衡吧。我以前没想到我会这么爱孩子，她到一岁半的时候我都没什么感觉，因为她还不会说话的时候交流的有限，只能看着她期待着快些长大。等她开始会说话的时候，等有一天我回到家，我女儿把沙发调好了我喜欢躺的那个角度，说爸爸你躺下来看新闻，我女儿也知道我爱看哪个台。她看着少儿台她就换到了新闻台，然后爬到沙发上把我胳膊抬起来放在她的小小的肩膀上，靠在我的怀里陪我看新闻。啊！那种感觉是不能用语言来形容的。这个小家伙让我内心如此满足、如此幸福，所有我以前对世界的不满，曾经负面地看待这个世界的一切，就都没有了。

"那半年"也给了我特别多的正面的东西。因为我看到"里面的人"都乐观坚强，没有人天天以泪洗面抱头痛哭什么的，也没有人天天撞门去不想活了的。有人在被警察追的时候因为害怕去自杀的，但真到了那儿的时候人真没有那么脆弱。所以我"那半年"和女儿这两件事儿是给了我特别大的信心。因为我算什么呀，人家都 12 年、14 年、7 年，所以我在里头再怨天尤人的话，人家就恨不得揍我。

我很疼我女儿，但在家里我还是个比较严厉的父亲。因为我老婆、丈母娘、老丈人、小姨子已经太宠她了，所以我就不得不拿出严厉的一面来，在家里我扮演严父。我们家养了只鸟儿，是放养的，它自己可以飞来飞去。有次它停在外面的电线上，那时候我女儿刚会说话，就对小鸟说："小鸟小鸟你不要停在那儿，我爸爸很厉害，他看见了会打你的。"孩子家里有人宠她就足够了，但是不能人人都宠，那样就惯坏了，所以我就充当了那个"坏人"。

在家里我经常唱歌给我女儿听，我女儿点什么我唱什么，有一天我们一家三口在美国开了一路的车直到黄昏，女儿命令我和老婆一起唱歌给她听。我就和我老婆一块儿给她唱，后来发现这个还很增进家庭感情，尤其是开着车在路上唱歌的时候。有一天我们还在北海的船上一块儿给她唱《让我们荡起双桨》，结果我们俩同时唱成"水面倒映着碧绿的白塔"。后来我们想，为什么倒映着碧绿的白塔？什么意思？后来才反应过来是我们唱错了，回想起那天真的很有意思。老婆也说"希望她长大了不要忘了这么美好的一天"。我确实是重色轻友的人，我闺女也是长得很美，媳妇也漂亮。所以现在朋友都排在家庭后面了（不好意思各位朋友们）。平时我只要不工作，就一定是和她们在一起，美国、中国带着她们来回跑，也挺好的。我就觉得女儿应该从小就跟着到处跑，这样就能心里向往着远方，省得长大了非得嫁一有房子的。

要是儿子我可能会说，你努努力什么的，但女儿啊，我当然让她想干什么干什么，只要身体、心理健康就好。我跟我老婆说一定要让她学会混，成功的人很少的，让她心安理得地混过很多年就是最大的成功，别遗憾什么不能成功之类的，成不成功这个事儿不是衡量她健康成长的标准。我们现在经常会和女儿说她不是那个最漂亮的，也不是那个最聪明的，不然长大后她不成功会很失落，会感觉父母从小欺骗了她。其实后来想想我家孩子要是男孩儿的话我肯定也得告诉他年轻的时候一定要组乐队，哪怕是什么乐器都不会也一定要组乐队，因为在一起组乐队大家有在一起互相关心、相互惦记、乐于合作的这样一种精神。我觉得这个对男孩子来说挺重要的。

对于孩子的教育，我就一个态度，孩子是带剧本来的，她来我们家投胎我应该谢谢她，没准人家是活佛呢，没准哪

姑娘、爱情以及家

天有人来认证了呢，那我还得给她匍匐一下呢。不管怎样，他们的剧本一定不会因为你这样那样去改变。所以什么班也不学，自由自在地长大最好了。我不要求她干吗，更不要求她非得成功。我要求她半天，她没成功，还会恨我。因为境遇不是我能控制的，比如战争来了，我没办法去教育她怎么生活，我只能教育她随遇而安，不怨天尤人，心安理得地混着也不自责。我就觉得这个教育是最成功的。

我爱我家

　　有的人说我每天都和家人一起吃饭，因此我非常重视家庭。而我首先要说的是我不是重视家庭，当什么东西需要你去重视的时候，就说明你已经不爱它了，你不爱了但心里还惦记着是个事才会去提醒自己重视这件事，你只要爱它你根本没觉得它需要你去重视，那种珍惜和在乎是自然而然的。所以我就觉得我不是重视家庭，我就是爱我的家。现在什么都没有我老婆、孩子重要，对我来说根本不需要去重视什么，或者去坚持什么，什么东西你只要一坚持，就说明你已经不爱了，你只要爱，你根本不需要去想那些事儿。我觉得现在去陪我女儿吃饭，就跟我年轻的时候，一大美女约我吃饭一样，我就特高兴、特激动，一定得去决不爽约。

要说家庭有没有想改进的地方，我想应该给我们家换个大点儿的房子吧，我也不能告诉大伙儿我现在住的房子是多少平方米的，估计你们知道了以后下次再见到我的时候就得往我身上扔鸡蛋。但是我家人口多啊，我这么多年一直跟老丈人、丈母娘、小姨子等一起生活。然后就再加上女儿，很多人组成一个大家庭，很有意思。所以我想给我家换个大房子也无可厚非。有的有钱人都不只是几套房子的问题了，人家成栋买的都有。但我觉得那样没必要，只要我们家里这几口人够住就可以了。

一次访谈节目中主持人曾经对我说："你跟你妻子组成这样一个和谐、美满、没有代沟的家庭，沟通也那么和谐，还有那么漂亮的女儿，过得那么幸福，但是我总是给你捏着一把汗，因为你是一个非常感性的人，你是需要生活充满激情的人，你是一阵儿一阵儿的那种人。这样的人他的变化是很多的，现在的生活大规模地曝光于社会，意味着你改变的可能性特别小。这会不会对你的生活造成不便，或者说你会不会哪天变心了？"对于这个问题我觉得如果我生活在一个特别健康美好的社会，你们替我捏把汗是应该的，因为我可能有很多很多诱惑，而且即便是诱惑也是美好的，就包括林徽因也有很多美好的诱惑，胡适也一样有。可是我正好生活在一个"腌臜的时代"，在这个"腌臜的时代"里没什么东西可以诱惑到我，没什么东西超过我的老婆、孩子、家人。外面的人我看着他们我就觉得，他们就跟神经病、疯子一样。整天跟打了鸡血似的那种女的打了鸡血似的找男的，然后男的都跟打了鸡血似的找钱。美国和中国就不一样，人家就没那么仓促、没那么慌张。我刚去美国的时候，做编剧和开发，只卖出了两首电影歌曲。美国流行音乐是草根文化，美国卖吉他的黑人当我师父都绰绰有余，不是说他弹得比我好多少，是同样一个琴我们弹得都不是一个级别，发出的声音都是不一样的。国外很多伟大的乐队，都是一个班的同学，在中国整个高校也选拔不出一个特别牛的乐队。为啥？国内很多年轻人的热情都分散了,赚钱的热情大过音乐本身,比如买房子、赚大钱。可是这些对我没什么诱惑，主持人也不用替我捏把汗。我正好幸运的是，我年轻的时候、确实可以每天变的时候，每天都能碰到好人、好小伙子、好姑娘，因为那是个美好的时代。那今天我不想变的时候，正好时代也是成这样，也没什么诱惑我要变的。可是又有人说了，人永远是很难给未来打什么包票的。要是这样说的话，人出门儿还有可能被车撞死哪！我就是个爱老婆、爱孩子、爱这个家的普通男人。

还记得我们组乐队的时候，除了乐器换不起，换主唱、换女朋友都是特别正常的事儿。那时候有几个女孩儿特别喜欢我们乐队，就一直跟着我们，后来有三个都嫁给了我们乐队的成员。那时候的女生特别喜欢有范儿的男孩子，她们以养男生为荣。她愿意把她的生活费啊、饭票啊，甚至压岁钱都拿到学校来给男朋友花，她觉得这个钱给男朋友花她是最快乐的。谁要是找了一个有钱的男朋友都感觉特丢人。我记得那会儿我们班有个女生找到一个有车的男朋友，每次男朋友送她回学校她都要求在五道口下车，坐一站公交车回学校。我觉得我们是特别幸运的一代人。当我们年轻的时候女孩儿喜欢同龄人，那时候我们都正青春年少，有很多姑娘喜欢。后来我们老了，女孩儿又开始喜欢老的了。我们年轻的时候女孩儿喜欢没钱的，她们都感觉有钱人肮脏，那时候我们正好没钱，后来女孩儿喜欢有钱的了，我们事业也奋斗个差不多了。

　　我到了 40 多岁这个年龄，我对这个婚姻、对这个家庭是越来越依赖、越来越疼爱。因为我已经过了男性能量的成长期，其实我是在往后退，所以我会越来越珍视这些东西。包括乡愁，我去了美国之后我就有了，包括孝顺，我以前也没有，因为父母太强了，我不在他们身边的时候他们也有自己的生活，而且自得其乐，不需要我陪伴。所以感觉不到他们需要我孝顺，但是现在我也开始孝顺我的父母了。一个人在国外，不到一定岁数，是不会有乡愁的。这个东西后来我发现特有意思，就是乡愁这东西，后来我发现它比爱情更深厚，因为它是一种基础的情感。爱情还得分，这个阶层的人，这个教育的人，或者是这个民族的人更奔放一点，那个民族的人更含蓄一点。乡愁就是跟父母、儿女这种感情，是极为基础性的情感，不分贵贱、不分教育。我现在能跟妈妈、丈母娘都住在一起，丈母娘带着孩子跟着我跑，在美国大家都住在一起，回北京也是，丈母娘、老丈人、小姨子从我结婚起都跟我住在一起，共同生活很多年了，我还乐在其中。这跟我以前有很大的不同，我原来是特别野的一头独狼，看到我今天这样，我的那些朋友都傻了，徐静蕾说，你每顿饭都带着这么一大家子人啊。我说对啊，我说我告诉你，我现在不再是那头独狼了，那样的时光过去了。我现在家里人少了我还受不了。人少了我就觉得怎么没人了？没人就不热闹了，没意思了。

话说幸福

人都说幸福这词儿太缥缈，幸福的感觉来得快，去得也快。要我说啊幸福就仨字儿，幸福感。有人说："你角色这么多，履历又这么丰富，那对幸福的理解怎么就这么简单呢？"其实这本来也不是什么复杂的事儿，有幸福感的人就会幸福，没幸福感的人，就是没这种幸福基因的人怎么样都不会幸福。很多人以为自己是因为匮乏而不幸福，结果你把他匮乏的东西都给他了，他还是不幸福。他认为是不受人尊重，兜里没钱，或者是爱情跑了，会导致他的不幸。可是你把他缺失的这三样都还给他，你看他幸福不幸福。他肯定还有其他堵心的事情，还会感觉自己是这个世界上最悲催的一个。有幸福感的人，有那种能力的人，爱情跑了他说太好了自由来了，因为他原来想的是自由跑了，爱情来了，他永远不想什么跑了，他想的是什么来了，所以我觉得就是幸福感，这三个字，你没这个东西，怎么着都不行。在这个世界无论是得到还是失去，只要你找对了角度，永远有特别美好的一面。

幸福就是相信幸福的人的感受。有人说我和我老婆年龄差距很大，会不会有代沟？会不会不幸福？其实即使是同一代人，性格上也有差异，差异是人自身的问题，跟代沟没有任何关系。我老婆跟我在一起的时候还很年轻，她甚至还没进入社会，所以她的基本世界观都是我塑造的。相比之下，找一个年龄比较大的、被周围圈子的人塑造出来后你再去改造、重新塑造的妻子，后者有多累人啊，而且更容易产生分歧，你试着去影响她的时候她会说，我是这么想的，为什么我的想法要和你一样呢？我老婆对这个世界的看法，甚至听什么音乐、看什么电影，都是受我影响的，所以我们大部分的想法都很一致，我觉得这样很幸福。

我还有一种幸福，就是我妈喊我吃饭的时候我感觉特别幸福。我妈比较喜欢走遍世界，当然我是年轻人那时候，也想走遍世界。我妈很独立，做过很多让人看来女性不可能做的事情，然后今年我妈突然跟我说，她老了，想跟我一起住，她自己一个人那么多年，现在告诉我她老了，唉，心里有种说不出的感觉。我说你来吧，结果就很幸福。我们相互陪伴，以前我妈妈要强，她有自己要忙的事业，我从来不感觉她需要我，现在她终于年纪大了，没有那么多要忙的了，他希望和我在一起享受天伦之乐，这是多么美好的事情啊。现在我和我妈住的地方隔着一个游泳池，就是她住另一栋，叫 Guest House，客人的那一栋，不住在一栋楼里。有时候我妈会喊，晓松过来吃饭吧，我做了什么什么菜，然后我这栋楼的书房正好对着她那一栋。妈妈叫我去吃饭，我心里特别特别温暖，因为这样的事情已经好几十年没有发生过了。所以穿过那些幽暗的岁月，坚持挺到这一天，又能跟妈妈在一起，又能重温往日的那些欢乐，我觉得基本上是没有被生活打败。"咔嚓"一下被生活打散的家庭那太多了，没几个最终还能重温那些往日的欢乐，所以我就觉得特幸福。早上起来先上我妈那儿请个安，晚上我妈就说给我做个什么菜，因为她那儿有自己的厨房，晚上我就上她那儿吃饭。嗨哟，真幸福！

　　人不能一直奋斗，那样会失掉很多东西，做该做的事儿。

我是一个尽量让自己自由一点儿的人，这样更能有幸福感。

生意我肯定不做，我就是一个小工作室，十多年来一直那样，

虽然今年是急剧膨胀了 50% 的工作人员，从原来俩人变成了

仨人。好多人以为我要去追求什么艺术，根本不是。我根本

不知道我要去干吗，我就知道我不要什么。从小到大，我都

没有想过我喜欢什么样的，我只知道我不喜欢什么样的。所

以我过得特别快乐。当我把所有不要的东西，一样一样拿掉

了以后，想要的东西自己就冒出来，何必冥思苦想自己究竟

要什么呢？那样太虐心了，人有自知之明，知道自己做不了

什么、不要什么就足够了。

音乐可以证明

人有灵魂

音乐可以证明人有灵魂

　　在这个世界上音乐是唯一能够证明人有灵魂的东西，因为其他的艺术里只有音乐是这个地球上没有的。这样说并不是唯心，而是有证据的。比如说建筑、雕塑、绘画、舞蹈、诗词，都有物质性的存在，人们只是提炼了而已。人的表层是没有音乐的，它是世界上没有的东西：这世界上只有音乐是长在脑子里的，就没有一个声音是音乐本身。鸟叫、海潮、伐木，没有一个自然声是音乐。音乐是证明一个人有灵魂的最好的证据，唯物主义说什么都得唯物，但你也得有"物"才行啊。每次别人说唯物主义，我就会问人家："你说唯物好，但哪个东西是音乐啊？"人家回答不出，那音乐只能是唯心的了，因为它没有物质性的存在。说艺术来自生活又高于生活，音乐是生活哪个声音啊？鱼叫还是鸟叫？都没有啊。它就是从音乐家脑子里来的，纯灵魂的东西，纯唯心的东西。音乐可能就是一口井，不用那么宽，不用像电影一样，需要你把生活全部调动起来，但它很深，就像油井一样，你一定要钻到了一定位置才能有石油冒出来。

音乐是超级唯心的东西，就是音乐家心里才有的东西，除了他自己的心里这世界上哪儿也没有。所以我说音乐第一可以驳倒唯物主义，第二可以证明人有灵魂，因为一堆碳水化合物的合成体是绝对做不出音乐来的，就人是碳水化合物组成的这玩意儿，要不然你拿一堆碳和水你让它再做一个东西，让它做出音乐来，你弄一机器人你让他做出音乐来试试，这些都不可以，音乐必须是从心灵里流淌出来的声音。我的所学专业并非音乐，但是音乐也并非我的业余爱好。我没有业余爱好，业余是说你得有一个主业，我没有什么主业，对我来说我忙活的那些都是业。导演是我的所学专业，无线电我也学过，可是最后我除了一个雷达，什么也没记住。我总认为这就是命中注定，我这辈子就是只能从事文艺工作的人，出生之前已经和老天约定好了。

音乐就是它来临的时候，你能从心里流淌出的一两个乐句，很美的乐句，这个美实际上比琴瑟的声音美，比所有的一切美好事物都要美很多。可是这个过程是不能说出来分享的。因为这是创作，创作带来的那种快感，实际上就是灵魂带来的快感，只可意会不可言传。即使你是从心里流出一句诗，或者一个乐句，或者一个很好的电影的人物突然就舞动在你脑子里了，或者一个建筑师想起来一个大裤衩，人家就想起这个了，就开始了各种各样的创作并且导致了无限的欢乐，这些都是灵魂带来的，这个东西是没法分享的。比如说爱情是激素，因为你是能标准地测出来人的激素水平的，然后你能测出来人在什么年纪激素最旺盛，他能怎么做爱。但那都是物质性的快乐，都能用仪器来测量的，你说灵魂这东西怎么测量，说他到了什么程度，他能想出一句音乐来，他到了什么程度，体内分泌一种什么东西，他就能写出一首诗来，都没有，科学是解决不了这个灵魂的问题的，科学如果能解决艺术的问题，那就不需要艺术了，其实这也是艺术的伟大之处。没有人知道凡·高的灵感来自何处，没有人能真正明

121 1 1 1

音乐可以证明
人有灵魂

白凡·高画出来的向日葵为什么是那个样子的。也没有人能知道贝多芬是如何创作钢琴曲的，人家别说在身体康健的时候能创作出传世之作，人家耳朵都失聪了，依然能创作出美妙的音乐并流传于世。这就是艺术，艺术是非常私人、非常主观的东西。

灵感的来源 ◄

一说到灵感，我就想起"召唤"这个词。现在可以感受到被灵感"召唤"的频率越来越低了。我年轻的时候，一阵风吹过来，吹开了领口，凉意直沁心肺，就特别有召唤的感觉。山上有风吹，草就随着风在动，夜里坐在那里仰着头看着满天的繁星，我就能觉得被召唤了，那时候被召唤是件特别容易的事情。我用"被召唤"来代替"灵感"这个词，因为我觉得灵感是一个摸不着说不清的事情，但是被召唤是清楚的，你能感受到自己是否被召唤了。后来这种召唤越来越少，有时候就得强行地要求自己在那儿等着，强行地说：我需要这个召唤，但问题是它不来。这个东西是单向的，不是你冲老天爷喊一声它就来了。当然也有很多其他的艺术家用了很多方式去找被召唤的感觉，比如吸毒，虽然我不弄那个东西，但我很理解那种当人 High 了的时候能够感受到那种灵感的召唤。失恋有时候也可以，但失恋那个召唤的层次比较低，不是那么有意思。我估计也没人为了故意找灵感的召唤而故意和恋人分手，倒是有一些人来以此炒作想提高曝光率的。

我说的召唤，再具体一点，就是突然间有一种成型的节奏在心里面。写小说就是你知道怎么去驾驭这个语言，行文的结构在脑子里比较清晰地呈现出来。写音乐就是突然就知道这个音乐是什么节奏，或者这个电影突然出现在你脑子里。它们之间的区别就是占据脑子的宽度和深度不一样。电影占据脑子特别大的宽度，从生活到生命的跨越，从所有记忆到未来的想象，小说就是深度和广度都有，哪里都有一点。但是音乐是深入心灵、深入骨髓的，在表层根本找不到它。

虽然两三年都不会出现老天爷握着我的手写歌的状态，我也不会没有幸福感，因为我是体会过那种幸福的，我知道那种创作带来的快感是什么样的。我就没有说因为写不出来歌就确实有点挺生气的，因为我要没体会，我干脆什么都不会写。就跟人生活中很多时候你吃过那种特别美味的美食，然后遇见过最好的、最香艳的情爱，然后等没有的时候，只剩一些我觉得就像突然解放了似的，就原来所有美好的都成那样了，好看的衣服也不能穿了，得改穿列宁装了。就那种感觉，因为你多次体会过。所以我真的是非常幸福的人，多次体会过创作带给我的高潮。后来就找不着伴儿了，就没高潮了。但这是规律，就是人们不用避讳这样，每一个创作者都会有这样的情况出现，都会有枯竭干涸的时候，都会面临创作的瓶颈期。最后我就别占着茅坑不拉屎了，我果断地决定当制作人，就别写了，把机会给更多能写出好歌的年轻人。现在我已经很少写歌了，我就当制作人继续在这个圈子里发光、发热。

曾经在《校园民谣Ⅰ》里收录了我 4 首歌，当时我卖了 8 首歌给大地，分别收在《校园民谣Ⅰ》和《校园民谣Ⅱ》里，还有一些我买回来又放在麦田音乐发行的作品集《青春无悔》里头，包括后来发行的老狼的《恋恋风尘》，这张专辑算是收录了我当时相当重要的一部分作品。老狼和我都特别喜欢《恋恋风尘》，这首歌是我们每一次演唱会的压轴曲目，每一次都能现场观众大合唱并且泪流满面，甚至有人在下面喊，快别唱了，哭得受不了了。这首歌挺简单的也没有副歌，就是一段非常轻松的旋律。还记得那时候我们在录音棚里录这首歌的时候，说结尾得加个旋律，我们就想把《最后的华尔兹》后面那段小提琴加进去吧，结果这首歌不仅完整了而且完美了。那时候我们在录音棚里大家能想出很多办法，然后我们把音乐做得更好，那时候真的叫作搞音乐，不像现在，现在叫被音乐搞。我也是连续出版作品质量还算在水准之上，大家才觉得我是个不错的音乐人，要不早被人忘了我姓甚名谁了。我还有张作品集叫《青春无悔》，年轻的时候有很多虚荣心，总想要给大家展示我什么都会，我可不只是校园民谣，那时候创作也比较澎湃，充满了对所有东西的描绘欲望，我觉得是老天拿着我的手在写作，现在我对自己的生活也不知道什么值得歌唱了，我则更想给别人做专辑，因为别人有生活，比我还能写。曾轶可写得好，我觉得曾轶可那支笔简直就是上帝本人拿着写的，能写出那么多有意思的词。关于曾轶可我多次说过：一流词、二流曲、三流吉他、四流唱，这个没什么争议。争议是因为好多人听不懂话且有阅读障碍，人云亦云跟着起哄。好在小曾没当回事儿，我就更无所谓了，我们自己行里对她没有任何争议。她的创作才华是真的不能被掩盖的。有曾轶可这样的人多好啊，那我当制作人不就完了，我用经验，用经验创作。创作是一种先验，但制作是一种经验。需要先验的时候越来越少了，那你就靠经验了。经验小孩都没有，那我来做，让我这个上了年纪的人来做，把他们美好的作品，老天拿着他们手写的东西，把它做出来、录出来，给更多人听见，我觉得这不挺好的吗？

我原本也不是音乐人，在音乐上能有如今的成绩我已经很欣慰了。我在清华学的雷达专业、在电影学院学过导演，唯独音乐不是科班。我从小就琴棋书画什么都会，后来"音乐"的"帽子"太大就顶在脑袋上，其他的小帽子都扣在里头了。但也有很多事情是音乐表达不了的，比如对世界的态度就用《晓说》这种脱口秀来表达，对人生的态度就用电影、小说来表达，好在还是在各领域都比较有成绩的。

灵感不是强求能得来的，妙手偶得上等佳作的时候，是老天爷眷顾我们。有一天当我们自己内心沉静不下来的时候，没办法再单纯、直接地面对这个世界，来接受灵感召唤的时候，也就没什么好作品可言了。灵感就这么回事，别太急功近利地在那里硬憋哪个作品，硬憋出来的，都不是好作品，好作品都是妙手偶得的，是不经意间获得的上天的恩赐。年轻时的岁月真的特别让人怀念，虽然有时候感觉自己很二，但是那时候写东西有种伶俐的感觉，等到人老了的时候，写歌就跟上厕所似的，年轻的时候一下就出来了，老了得蹲半个小时还不一定有。

▶▶ 创作，创作

　　我把我的音乐创作这个过程分成两种，有一种是我写好歌的时候，就突然觉得是老天在拿着我的手在写了。也是我回溯不了那个状态，就是老天夹着我的手写的那都是好歌；反而是我能记下来的，都是我写臭歌的时候。就写不下去了，说唉哟怎么办呢，是不是再换个和弦再尝试一下，这样也不行，暂时去个洗手间吧，然后就蹲下来，反正想出各种各样的怪姿势、调整各种思路也写不出什么好东西，然后我还是写了，终于弄完了就能松口气了。然后那词也写不下去了，干脆把十三韵拿过来翻翻，江阳韵都有些什么字，什么远方，什么长江，跑到那些艺术书里去挑字往上拼凑。这就叫写臭歌的过程，不但没体会到欢乐，反而体会到很多痛苦，就写不出来那么让我满意的音乐来。

还记得我 19 岁，那是我上大学一年级，当时人很脆弱，比较多愁善感，而且还无以抒怀，就决定写歌，把自己想说的用歌曲唱出来。现在想起来都特别恶心，那歌名都不能用书名号，那都不算一首歌，叫"逃出城市"，哎呦，好恶心……那都不算作品，那就只是习作而已，当时还是有种模仿什么人的痕迹，至于模仿的是谁，太多年了我都已经记不得了。当时没人把写歌当成事业来做，纯粹就是写着玩，留着下酒用，唱歌只为了给姑娘听。在高校很多学生都在写歌，清华里头，从宋柯到我都在写。特别有意思的是我那个时候男生写情歌特别让同学看不起，管那样的人叫"骚柔"。那时候我们坚决不写爱情歌，一定要写"流浪"、"远方"、"坟墓"、"废墟"等吧，全是这种东西。那时候我们乐队的歌名儿都特逗，什么《人与兽》、《荒冢》、《弗洛依德弟子》什么的，都倍儿怪。那时候的女孩儿也挺有意思的，都特别喜欢有着大长头发并能唱金属、摇滚的男生。我们那个词写得看上去特别潇洒，其实就是少年不知愁滋味。为什么清华大学会出这么多的歌手呢？我和宋柯都是清华大学的，水木年华的卢庚戌和缪杰也都是清华的。大家一般会认为，音乐是由感性思维决定的，做音乐都得是文人才行。但实际上音乐跟非常准确的理性思维是有关的。像巴赫的音乐里边蕴含了很多数学的定理。很多的音乐人都是学理科的。能写好词的倒是学文科的多一些，像林夕就是香港大学中文系出身。

后来我和宋柯还创办了麦田音乐。当初宋柯从德州农机大学毕业以后回国，提了两大箱的银首饰，企图在赛特租一个柜台卖首饰去了。我那会儿去他们家看他，我一看，哟！哥们儿还带把电吉他回国，还有效果器，还有一堆唱片。我就说，你依然热爱音乐是吧？他说那当然了。我说那你就别卖首饰了，卖首饰虽然能骗姑娘，可是卖首饰和骗姑娘是一对天敌。因为你要是骗了姑娘首饰就白送了，虽然收获了爱情，但是在金钱上是亏大了。咱还是搞音乐吧，又能骗姑娘，又不会有太多的经济损失，没准姑娘还能赞助我们点呢，于是我们就一起成立了麦田音乐。一说起这个公司的名字还是有

点来头的。当时我们最喜欢的外国作家就是美国作家塞林格，

也特别喜欢《麦田里的守望者》这本书。后来我们就想公司

叫什么呢，就叫麦田吧，因为我们愿意做一个守望者，守望

着音乐这片麦田。

上大学那会儿我们都有过梦想。我是清华大学电子系八

字班的。我在大学的时候梦想特别多，一共有三个。第一个

是我想有一辆崭新的 28 自行车，第二个梦想是想有一个大猪

肘子我自己吃没人跟我抢，第三个梦想是有一个长发的美女

站在我对面并且很懂我，后来这些都梦想成真了。宋柯是我

的学长，我刚入大学的时候他正好毕业。宋柯是清华大学环

境工程系三字班的，他上大学的时候只有一个理想就是只要

能从清华大学毕业就行。他学环境工程，当时的人们也不知

道什么是环境工程，他家邻居都说，这么好的孩子真可惜了，

学了扫地了。更有意思的是宋柯也觉得自己是学扫地的，上

学的时候带个笤帚就去了。老狼上大学的路就比较曲折了，

本来以老狼的成绩上个重点大学什么问题也没有，其实人家

也考上了哈尔滨工业大学，但是人家没去，他就想在北京上

学，那时候老狼已经邂逅了他最爱的姑娘哪能去别的地方啊，结果就在北京上了个都不知道第几流的学校。曾经有人问我如果现在的我遇见了 19 岁的自己，我会对他说什么。我想我只能说句对不起，因为曾经那个 19 岁的我爱过的人都没有留在我身边，曾经的理想都没有实现，我只是替他挣了一堆钱，如此而已。而且我还会告诉那个 19 岁的自己，我已经变成了你 19 岁的时候你一想就会死的那个样子。我在 19 岁的时候万万也不会想到成长过后会变成现在的自己。可是人家老狼要是现在想跟 19 岁的自己说点什么，人家肯定说自己做了一场特别美的梦，他还会说，我告诉你，你当初爱的那个姑娘她现在还在我身边。真是羡慕死我们这些人啊！

　　我和老狼组过一个乐队叫"青铜器"，那时很多乐队都是口头上的，也是虚荣心爆棚后的产物，没有乐器、没有作品，就是几个人聚在一起一说，起个名就有乐队了。有的乐队连吉他都没在一起摸过，更别说一起排个练、演个出了，啥都没干就散伙了。我和老狼还有其他几个哥们儿就是看国外的乐队，觉得咱们也该搞一个，不管有没有技术都敢往上努啊，而且必须是动静儿特大的重金属。那时候我们乐队的经纪人特别好，这哥们儿叫徐涛，人特别仗义，他自己开装修公司一直养着大家，没有一点抱怨的，就这样一直坚持了10年。刚开始那会儿特别穷，只能用刷子当鼓槌，哥们儿变卖了自己的几样值钱东西才有了把贝斯。有时候排练在清华大学我们的宿舍，全乐队都在我们宿舍住，还有时候都睡在天台上，早晨就看着一轮红日从天边升起来，我们这边就伴着初升的太阳开始排练。26号楼是我们学校最北边的一个楼，外面就已经是农村了，但是我们的排练挺扰民的，有一家他们家的孩子要中考，嫌我们扰民就在我们排练的时候拿气枪打我们。认识老狼也是经人介绍的，第一次见到他的时候我看到了一个瘦了吧唧的老狼，现在的他有点发福了，身边跟了一个特别漂亮的姑娘。我们青春的岁月里都少不了一个角色就是姑娘，我的就不说了，老狼是我们圈儿里公认的好人，人家不仅从小青梅竹马，而且至今陪在他身边的依然是当初的那个姑娘也就是现在的狼嫂。他是我很少见到的，没有被时代改变的人。如今老狼出门还都得拿本书呢，走哪里看哪里，而且他会看《读库》，就是当下那些真正的文艺青年才会看的书。因为老狼一直没改变所以我一看见他还能记得起我们曾经的梦想以及我们从前坚持的那些东西——唱一首歌，爱一个人，过一生。老狼绝对是我们圈儿里值得学习的榜样，为人处世什么的没的说，他永远会站在对方的角度来替对方考虑。我就是那种在逆境的时候最乐观的人，我可以看到一个人身上的才华并且把它放大。

所有的欢乐都来自老天把着我的手写出来那些好东西的时候，我年轻的时候真的很清纯，而且是个内心比较细腻的人，再加上当年是个比较清静的年代，所以写的歌曲也都比较宁静。然而这样的创作又是没有规律的，我也不知道我做一什么姿势、发出个什么声音，老天爷就看见了、听见了。有时候我就等一年也没有，有时候突然一天之内来一大堆，就写《白衣飘飘的年代》的时候，我一天之内就写了三首歌。那个主曲，就顾城死的那天写的。我一看报纸，还记得有一个大框，写着诗人死了，当时我就感觉"嗡"一下，脑子里就乱了，心里面就说不清楚是什么滋味。因为在我还是懵懂的少年的

1 2 5

音乐可以证明人有灵魂

时候，我肯定是最喜欢顾城的诗，他是朦胧诗主要代表人物，被称为当代的唯灵浪漫主义诗人，顾城早期的诗歌有孩子般的纯稚风格、梦幻情绪，用直觉和印象式的语句来咏唱童话般的少年生活。那时候我认为他的诗远超过北岛跟海子。等我觉得有点思想的时候，我就更喜欢北岛，那今天我又喜欢海子，但那时候我是最喜欢顾城的，因为顾城的诗透着清秀。这是很多诗人做不到的。我个人对手艺是非常看重的，对思想我倒是放在第二位。我不管看哪种东西，因为思想不构成艺术，必须得是那手艺才成。因为思想可以拿嘴讲，拿嘴讲它就不叫艺术，你这个手艺驾驭了这个思想才叫艺术。所以对于手艺，我觉得他们这几个人里给我个人感觉，文字能力最强的是顾城。所以顾城去世那天，我一下子就不知道怎么回事了，那个词都写得特别长，其中第二首《月亮》还没节奏，写了一个基数拍。然后就一天之内一气呵成，那一天写了《白衣飘飘的年代》、《月亮》、《回声》，一个组曲。我个人的感觉就是像打开了水龙头一样，词曲"哗哗"地往外流，而且这几首写得都很好，我回头仔细看那么长的词，全部都是一气呵成，那是人世间其他东西所不能替代的。《月亮》后来放到那张《青春无悔》里就变成最重头的主曲，就在那天我感觉到，一下子就冲到老天爷的怀里了，就不是老天光拿着我的手写的问题。但我也经常一两年什么也没有什么新的作品，那没办法。我写的歌不是只属于某一个阶段，因为我写的东西比较浅，就是基本的人性，我的能力就是描述得比较好。我一直说我有长有短，我短在内容，内容上没有大师风范，但我的形式感特别好。比如眼前就是一个杯子，但我就能把这个杯子写好。甭管是个什么东西，但我能把它写得好听。可以说我是华语音乐界词曲同时写但是唯一一个不唱的，因为我有一个叫老狼的人，我俩几乎就是一个人。我俩从成长、家庭、生活背景都差不多，他唱就是我唱。我给老狼录音的时候从来都不会说这里你怎么唱，那个地方你怎么唱。老狼特懂我，他知道我要什么感觉。而其我非常爱老狼的声音，那是最能诠释我歌曲的声音。

曾经给谭维维做专辑，我就给她一个照相机，让她自己随便拍去，拍完让她在照片上写上那么一两句话，一两个月之后我把所有的照片收集起来，就看这照片上的这几句话再去看当时的场景，并且把她当时的情绪融合进去，这样一张专辑的歌词差不多就都出来了，而且还是最能表达歌手内心情感的歌词，她唱的时候肯定特别有味道、有那种别人体会不到的感觉。我做萨顶顶的时候也是这样的。别人写的词，歌手唱的时候还得用心去体会，看这词是什么意思，想象作词人要表达什么情感。但是写出来的东西就不会，不仅不陌生还有天生的熟悉感，唱出来的情感也把握得异常准确。做这行就都得有绝招，祖师爷有时候会赏你一些手艺，这个让人感觉特别感动，也特别幸福。

最近唯一感受到又碰到老天爷一回就是写《万物生》的时候。我突然觉得。因为《万物生》最开始也是努力写的，后来到录的时候，萨顶顶唱得非常好，我觉得我写的词配不上她那嗓子。后来我说，你出去，你们都出去，我重新写。结果突然间他们一出去，灵感就来了，我拿起笔来，就原来那稿，不删掉，直接就把那句"我看见山鹰寂寞两条鱼上飞，两条鱼儿穿过海一样咸的河水"，就全写出来了。大家听萨顶顶演唱《万物生》的时候，不难寻觅出佛教音乐的踪影，但有还别于佛教音乐的宁静、清淡。原生态音乐的野性呼唤、电子乐特有的节奏冲击，无间融合形成巨大听觉震撼，醍醐灌顶，荡涤心灵，使人如置身天籁细细体味人生真谛，进而达到精神上的愉悦。很多人都反映这首歌相当不错，也就是在创作《万物生》的时候，我觉得好像有点儿又回到那种状态了，挺好的。

感谢上苍的眷顾

　　曾经有人问我如果很久没有老天爷握着我的手创作了，我会不会有恐惧感，会不会怕被别人超越了？我想说的是，这个真没有。我已经写过挺多好歌了，可以了、足够了，那我还想怎么着啊？难道我还妄想成贝多芬不成吗？我倒是烫了那么一个发型，但是也没成为贝多芬。就这发型也不是我刻意照着贝多芬的发型烫的，因为大伙儿都觉得我下巴太大，后来发型师说，给你下巴这儿扛起来，上面显得大一点，就把下面平衡，其实贝多芬也长那样，也留这个发型。但人家贝多芬不仅长得帅，人还能在感情受挫后创作出著名的《月光曲》，还有那个广为人知的《第七交响曲》，你说这没办法，哪都没准儿，就是老天爷本人，更不需要等老天爷说什么拿你的手写一首，人家贝多芬都耳朵聋了还写出那么美丽的东西，所以我知道我的"天花板"就在那儿，我每一项才华都有"天花板"。我也不用做成为贝多芬、柴可夫斯基这样能名垂青史的音乐家的青天白日梦。

　　所以我就发展自己的综合能力，我横着发展就能让我的路宽点儿呗。人家贝多芬没有"天花板"，抬头能看月亮，我这"天花板"就离头顶不远，一使劲儿顶到了。人知道自己的短板是件好的事情，这就叫做有自知之明。知道自己的短处才能扬长避短。我的电影、音乐、文字我都清楚地知道我自己的"天花板"在哪儿，我最多也就到这地步了，因为我发现马尔克斯那本书的时候，我就是把金丹、仙丹都吞了，我这辈子再去让自己失恋一百回，然后我就再怎么折腾吧，我把全世界流浪个遍，南极我都去了，我也写不出那样的作品来，因为我是写东西的人，我伸手就知道自己有没有，能不能写出东西来。人家只是一本《百年孤独》就已经被历史记住了，可是人家不光是这一本书啊，马尔克斯的作品就是写得好啊。那有的电影也是，我要看，每当看到好电影，我就长叹一声，然后说既生松，何生霹雳啪啦这么多人，生出这么多人干吗，还不是就一个两个关键人物才能成为大师吗。

能让我长叹的电影有很多，比如意大利导演吉赛贝·托纳多雷，他的每部电影我看完之后都会长叹一声，我曾经三次联系他的工作人员，因为正好在纽约碰见，或者在格兰大，我去申请跟他工作去，我愿意跟他去当个哪怕是场记，或者其他的工作人员之类的。跟着这样的人怎么都能学到东西，看看人家是这么导演电影的，所以我宁愿做一个小零工。难道你看完《天堂电影院》后不长叹一声吗？这部影片空前地成功并一举获得了金球奖和奥斯卡最佳外语片奖。这些奖项不仅说明影片的成功，每一个看完这部电影的人，也都会深深地感慨电影的无穷魅力。电影里讲的是每一个人的童年，每一个人的初恋，每一个人的梦想。让人看完了有种说不出的熟悉而又温暖的感觉。看完《西西里的美丽传说》难道不叫你长叹一声吗？还有那个《1900》，我们翻译成《海上钢琴师》，你能不长叹一声吗？托纳多雷的作品部部经典，我们只能长叹一声。他的电影表现手法让人让我由衷地赞叹。但是后来你就轻松了，因为你经过多次长叹之后你就觉得，那也挺好，既然没有大师这个目标了，那不挺轻松的吗？那我就不用在某一项东西上拼命钻研了，因为反正我钻也钻不成大师，那还不如多干几样，让自己一辈子丰富点，我如果能发现我在某一样上能有大师的潜力，我保证别的都不干了，只把这一样做到极致就足够了。可是我没有在哪一样上发现自己有大师的潜力，所以我就只能横向发展，拓宽自己的路线。

我不是个喜欢天天弹琴的人，我本身就不是一个很安静的人，我一天挺闹的，反正是闲不住。我经常跟老狼说："咱俩弄反了，你应该去后面待着老老实实地看你的书，搞你的创作，我去前面比画去。"因为我的性格比较外向，老狼不出去走穴就在家待着看书，我反正到处乱跑，总有走遍世界的精力，我很少有那种安静下来弹琴写东西的时候。所以我到最后还能出各种唱片、开音乐会，出版好几十万字的书，大家都特奇怪，说："你还有时间坐那里写字？"我说我也不知道，我就偶尔拿起一把琴弹会儿，偶尔写几个字，凑来凑去还都能给凑出东西来。

"那半年"我算是安静了一段日子，收获也不少。创作其实是最小的收获，那是特别功利的，我觉得最多的是我这么多年就没有长时间发过呆，读过万卷书、行过万里路，但从来没有把这些事情静静地梳理过。在里面发呆，把这些年读过的书、行过的路、见过的人，甚至掩盖住的愤怒、不满、各种傲慢与偏见都变得很清楚。这是最重要的。我原来以为自己特别非凡、特别了不起，我际会过一个特别不一样的人生。尤其是年轻那会儿，更感觉别人都没我好，自我膨胀得不行。但这十几年过来，我发现我和所有男人一样。20岁时写的《青春无悔》、《同桌的你》，那时候我觉得世上只有我这么一个好男人。但现在我和所有人都一样，所以才会写一些平凡但有意思的歌。年轻的时候谁都张狂过，谁都膨胀过，但是年龄大了，岁月教会我们太多的东西，其中就有谦逊这一项。慢慢的就不把自己看得那么重了，因为自己看到了更多的人他们那么优秀，那么让人不由自主地心生敬意。

我始终认为我是比较幸运的，我不属于勤奋的，而且我尤其不爱进录音棚。说起来其实很惭愧，当时我们在大学组乐队的时候没钱，音箱都是拿红灯牌电子管收音机改装的，有时候正排练呢，就听收音机里开始播"中央人民广播电台……"唯一的一个正经音箱，是我们吉他手的女朋友她全宿舍六个女生一个月没正经吃饭，捐出 360 块的生活费帮我们买了一个音箱。那时候我们排练时有录音，过了很多年我们再听那个录音带，还是特别感动，感动于年轻时候我们的那份执着、认真的热爱。我们当时还说，如果有了一套百威的音箱，我们就不吃饭、不睡觉天天排练。想当年我们可都是热血沸腾的青年啊！可是后来有了又怎样呢？我每天都在全世界最好的录音棚里坐着，百威音箱算个屁？都不用那么破的音箱！可是再好的录音棚我也找不回当年的那种感觉了，没有那么热血和往昔的激情澎湃了。往录音棚里一坐我就会一会儿头疼，一会儿肚子疼，一会儿觉得空气不好，反正在录音棚就是坐不住。其实就像小时候的理想一样，就是我如果能和某个女孩儿在一起，我每天都跟她做爱，我每天都给她买玫瑰花，那是多么美好的事情啊。等真的和那个女孩在一起了，10 年，15 年，你看你还能不能像你当时想的那样。所以说最无情的是生活嘛，带走了我们那么多的东西只是依稀还记得曾经自己是什么模样，有什么样的梦想。但是后来就有各种理由或者是自己就变了，就不像做了。所以我想，拿音乐当饭吃到底是不是一件幸运的事情，其实我也不知道。

拿音乐当酒喝比较好，因为谁也不会混酒喝啊，但却会经常混饭吃。喝酒要不就不喝，要不就喝点儿好的，不好的酒我可以选择不喝。所以我是极为幸运地以只发表了 70 首歌的行业最低产量，觍着脸位居行业"著名音乐人"，好像还在第一线，老天爷对我还是挺好的。在我女儿生下来的时候我还数了一下，手指头脚指头都是 10 个，我老婆怀孕的时候我很担心，担心老婆孩子有个三长两短的，但是当我家闺女顺顺利利地闪亮登场了之后，我就特别感激，我说老天你真是连这最后一下都这么眷顾我，我真是太谢谢您了。

冷酷是我的缺失

　　《如丧：我们终于老得可以谈谈未来》出版之后，很多读者说我的文字表达很有特色，这一点我可以不用谦虚，但是我的文字只是有特色而已，我与文坛的那些大师还有很大的距离。我自己打开大师的书一看，顿时感觉，完了，我写不了了。大师冷酷，我的文字再有意思，我都仅仅是个技术型的人，我的技术确实不错，但是我最大的弱点就是我心灵的浅薄，我看不穿人。因为我生活的圈子特别窄，我没有见过更多层次的人，更多那一面空气里的人，或者角落那一面的人，我见得很少。因为我从小在大院儿里长大，然后我一路读着全中国最好的学校，22岁就发财了，24岁还出名了，让我怎么去看这东西？27岁的时候我开了自己的作品音乐会，本来就自我感觉良好的我就开始自我膨胀得不行了。记得那时候龙丹妮和汪涵来我们家采访我，我穿个睡衣就出去了，穿个大浴袍在沙发里蜷着让人采访。所以我倒想让自己去努力一下，关键是不带钱出去流浪，和真没钱是不一样的，我又不是没出走过，最后不还是饿得要死的时候被家人接回来，满桌美食等着我吗，所以我没法去体验。没经历过那样艰苦的生活，生活的圈子里也没有那样的人，所以我没办法用冷酷的眼睛去看这个世界。

对我来说一分钱不带去要饭那都不叫疯狂，这个事情我也做过，当初和家里人打赌，因为我想组乐队，他们不让，便想为难一下我。他们说你敢吗？你敢拿把琴就走吗？我说我敢。于是爸妈就搜我身，把钱都搜光了，给我买了张火车票让我去天津，说一礼拜后你再回来，如果你坚持下来，乐队的预算和资金立马就拨给你，因为组乐队要花很多钱，为了我能组乐队我心一横就走了。虽然我们家心疼我，只让我去了天津，爬也能爬回来，但真一分钱不带就上天津那也挺要命的。我一分钱没带就去了，只能路边弹琴卖唱，问题是我快要饿死的时候我打一个电话我们家派车就接我来了，弄一大桌我爱吃的菜，你说这我怎么体验？我要体验的东西是真没有体验过，未来也不一定能有，那个无穷无尽看不到边的压力不叫体验。你说我只是身上没带钱包，这叫什么体验啊，所以我没办法，我就是缺乏这个，所以我没有丰富的眼睛，没有能看穿各种各样的人的眼睛。崔健就这么说过我，说我就是公子哥，他说，看你就只能写风花雪月。我还狡辩，我说咱各自代表一小群人，加起来不就为全体人民服务了，是吧。干吗得要求一个人为所有人服务，为所有人写东西啊，我就为这些人，你为那些人写，咱加起来，您占的"股份"多点，我占的"股份"少点，因为我代表那群人不太多，咱们一块儿为全体人民服务。

我知道我的大量的感动和美感都是看书看来的，我也没什么经历，我也没什么起起落落，说实在的我也没工作过，我都没说上哪儿上过班。我在二十二三岁就开林肯，拿了一个砖头那么大的手机。所以我还真的不太知道这社会什么样。

音乐可以证明人有灵魂

139

但是我也说了，我说艺术家为全体人民服务，以及为整个时代服务，说的不是某一个艺术家，说的是全体艺术家，每个艺术家把自己能代表的那些人能给代表了，大家加起来，就把这个全体人民给服务了，就把这整个时代记录了。那我记录我代表的这些人，就是我称作"小学调皮，中学早恋，大学颓了，然后长大了竟然不可思议地养活了自己"的那些人，我觉得能为这么一些人服务也挺好。

但是我自己清楚地知道我有这个缺失，这就是对一个做艺术的人来说是致命的，就是你不是真的了解这社会，我对人、人心、人性，缺乏那种真正的敬畏和那种膜拜感。因为我没有见过几个坚强的灵魂，我见过的都是一堆臭知识分子，所以我就缺失这一块，而且我不知道这个跟不冷酷有没有直接关系，我这人不冷酷是一个大问题。你看所有大师的东西，不管是电影也好、音乐也好、文学也好，你看着它们首先你看到的一个共同点就是冷酷，所以那些大师才勇敢，我是只要到了这事儿的时候我就绕一圈儿跑了，我从来不敢写这些冷酷得刺痛人心的东西，哪怕人心里的一些阴暗面，我都不敢直面。

我发现这个以后我就纳闷儿人家怎么那么冷酷啊，我阅读作品的时候我都觉得这些大师太冷酷了，问题是他就那样。就连6个月的"那半年"生活也没有让我变得冷酷。我估计得再来六年才有可能，但是也有可能我这辈子，这基因就是阳光跟乐观，所以这基因就导致我没办法成为那样冷酷的人。几年前看过一个纽约犹太人写的《大英百科狂想曲》，把他读大英百科的心得写得幽默睿智，觉得很爽。再加上他说读这套书需要两年，很能修身养性，因此一直有咬牙读一读的想法。只是名利场让人凌乱，日日为浮云奔波，本以为这个愿望和我一直想翻译一本小说一样，要到60岁退休才能实现。这回本打算把书运进来，没想到在看守所总共不足千本书的小小阅览室里赫然发现没开封的一整套！这是否是人们所说的"神启"？因此我就提前看了这套我本应退休才看的书。我在里边我也看到，有十几年都关在里面的人，他们也很乐观啊，还有那三天就想死的呢，还有的为了减刑去陪死刑犯眼睛都让人家抠出来的呢。所以其实跟这事儿还没关系，我到底应

音乐可以证明
人有灵魂

该关多久，才能让我变成一个大师，我真不知道。假如就算是关上 10 年能让我变成大师，我也不愿意拿这 10 年在那里面度过啊。我也不想当什么大师，当大师多没劲儿啊，又孤独又冷酷的。至于人生的终极意义，区区几个月 Behind the bars 恐怕不能妄谈。你说的那些伟大的大师即使不坐牢也能洞穿迷墙，我辈关一辈子坐穿牢底恐怕也只能坐井观天。我只是池中物，有一天能上岸看看，已经很知足了。

虽然看到大师好的作品我会长叹，可是那些大师们是瞬间爆发出来的，他们不也得天天在那儿正常生活吗？也许多半是孤单地生活着。我是老想让大师们跟我分享创作经验，可是没有一个大师每天创作，毕加索还不每天都画画呢，不画画的时候，毕加索是多么肏蛋的一个人啊。所以就没办法，我不愿意当那样的人，我宁可创作的时候撞"天花板"上了，没关系，多弄几个呗，是不是？多弄几个，反正"天花板"在那儿，咱们横向发展，路宽了、广了，不也挺好的嘛，不一定非得当大师啊！

我现在最大的愿望就是把电影拍得更好点和恒大音乐顺

利上市。这只是愿望，是对未来状态的设想，我现在就是等着，反正一切该来的都会来，总而言之我已经从生活那儿拿了那么多东西，现在是往外找补的时候了，属于我防守、生活进攻了，但是四十多岁了我已经不怕了，来吧。年轻时候的心态就是总想踹生活两脚。到了现在的年纪，明白了很多道理，不管年轻时多么狂放不羁，最后都会被生活打得劈头盖脸。这也是一种无奈吧，最终我们只能向生活缴械投降。无论青春、爱情、荷尔蒙，生活都会统统收回的。

到这个年纪转变心态这很重要，不然到这时候我还没活明白就很惨。年轻人就应该狂傲，你别像老头那样，有什么意思呢？我觉得这跟在美国做少数民族有很大的关系，因为我在那儿，谁都不知道我是干吗的。我在这儿少年成名，在行业里一直都在第一线，跑到美国去就是一五流的小导演、小作曲，琴弹得还没人家卖琴的弹得好。我去买把琴，人家卖琴的比我弹得好太多了。可是他只挣3块钱一小时，低于加州法律规定的8块钱每小时，因为弹得好的人太多了。我又不住在富人区，我住在洛杉矶，他们没人相信我在中国是著名的音乐家，因为在他们那儿，你只要写过一首歌进过排行榜前 40 名，你就可以退休了。那至少是 3000 万美金的版税，我没有钱住在富人区里。我在美国的制片人，他说："你是著名音乐人啊？我不信。你看我住的这区多好，你看我 200 万美金的房子，我拍过那么多电影都不算我赚的钱，我只写过半首歌，就我一电影主题歌的歌词我不满意，我就自己填了个词。就是那么半首歌的版税，买了这套 200 万美金的房子。"洛杉矶房价远低于北京，200 万美金已经是非常非常好的房子了。在美国没人相信我写过畅销歌，在国内也没有人那么重视版权问题。大家都认为听音乐不应该花钱，我和宋柯都是被网络侵权伤害过的人。

不是谁都可以拥有冷酷且洞穿一切的眼睛，人生阅历、交际圈子等等决定了一个人能否看得懂、看得透。对我来说缺失冷酷没什么，有那么多大师在，我也很有自知之明地知道自己无法超越，所以我还是老老实实地在我能力范围之内写最好的歌。

横向式发展

　　在我横向发展的这些领域里，我感觉我的文字已经几乎发挥到我全部的才能，就是我不能再好了，文字已经发挥到我能力的九成了，我已经快顶到"天花板"了，我脑子已经在这儿了，我的"天花板"就这么高，我清楚地知道我不能写得更好，就这水平了。我还差这么一点儿到"天花板"，就是我还能有一点儿余地，能够再进步一点点，我能改的，但是也差不多了，就在这儿，这我伸手就能够着了。但是我如果再努把力就能圆满了，就是我自己圆满了，我只能做成这样。你要让我做 Michael Jackson 那样的人我真做不了，别说做不了，听我都受不了。音乐真的已经超长发挥了。然后电影呢，大概"天花板"也是在这儿，但我只做到这儿，所以电影我还有很大兴趣，因为它上面还有我发展的空间，电影我只发挥出了我三成的功力，有七成的能力还有待我发挥出来。这个做导演也不光是兴趣使然，做导演也是我想了一圈儿能快速发家致富的行业，因为只有导演是最容易学的。像弹琴、画画、舞蹈……这些都得有童子功，从小就得练。只有导演这个行业不需要童子功，没有人7岁就学导演吧，也没有几个人17岁学导演的。就说明这个容易啊，然后我就去学了半年，心里还非常热爱电影，对它有激情，所以就更愿意做这个事情。

我说的我在电影方面拥有潜力不是指成为大师的潜力，你们也别误会。大师潜力我肯定没有，这个我已经在30岁的时候就已经知道了。30岁，我已经清楚了，因为30岁一个人看的东西、他的阅历已经够了，所以我看到了。如果有人偶尔看见一部作品，说穷我一生都做不到，也许还会有信心，因为只有一部作品让自己有这种望尘莫及的感觉，但如果看见10部作品，还清楚地知道穷我一生做不到，那就是真没信心了。所以30岁以后，我为什么就开始全世界到处跑了，因为我觉得我干吗要钻研啊，我钻研我也成不了大师，那我还不如出去走走呢，万一有奇遇呢。万一有奇遇，有一老头要你在桥头捡鞋，然后你把鞋给捡回去了，第二天你又给他捡鞋，第三天他给你一本传说中的武林秘籍——《葵花宝典》，然后突然就自宫成大师了。金庸大师《笑傲江湖》里的华山派掌门人岳不群当年也不是大师啊，那不还是有一本《葵花宝典》才成全他吗？

我现在就等着收摊吧，因为我摆摊摆得比较早，二十几岁就少年成名，相当于人家早上4点钟就把摊摆出来了，该卖的菜也卖得差不多了，再不收摊就没什么可卖的了。我觉得，基本上我的音乐已经达到了我所有能力能达到的位置，再好的音乐就不在我的能力范围内了，我写不成崔健那样的。我的文字，那本《如丧：我们终于老得可以谈谈未来》已经做到了我能够下笔的十成。电影目前我只做到了我能力的三成，所以在电影上再作一点努力，差不多就该收摊了，接下来就打算教教书，当个老师开始诲人不倦的生活。我基本上心态就是这个样子，只要有一天版权保护到位，我就可以回家靠版税生活了，剩下就是教教学生了。

我是个幸运且幸福的人，物质上来说，已经很丰富了。书也让我出了，电影也让我拍了，音乐会也让我开了，就可以了，我挺知足的。爹妈都活得挺长，还活得很好。闺女脚指头、手指头都十个，长得挺漂亮的，然后还怎么着？来生我还来干这一行。且不说这是我最喜欢的事，从事我这行的人之间的那种友情、仗义和义气远远超出了其他行业，不管外面人怎么看我们这一行，我心里知道，这世上没有一个行业比这个行业更好，其他行业远比这个行业虚伪、狡诈、不要脸得多。我人生几乎每一次选择都是正确的，若还有丝毫不满，就得天打雷劈了。我也没什么未竟的东西，现在死了也已经可以了。

▶▶ 晓说，只是小说

我现在做了一档叫《晓说》的脱口秀节目。本着"一不当公敌，二不当公知，一切只因闲来无事小聊怡情；上说星辰满月，下说贩夫走卒，动机绝不无耻，观点绝不中立"的宗旨来做这档节目。我不愿意当公知，我警惕我自己到了40岁了还像年轻时候那样偏激。我倒不在乎自己成为什么公知母知的，我在乎我自己已经40多了，就不应该再做一个偏激的人，不愿意简单地看待一些事情，然后做一些两面的划分，或者三段论那样的论断。我不愿意成为一个偏激的人，哪怕目的是美好的，也不应该偏激，也不能拿出一个孤证把它放大。

有的网友说节目尺度有点大，这也是我喜欢它的地方。

到了我们这个年纪的人，如果单说一件事，不能把它跟其他东西联系起来，那我们等于白活这么大岁数。互联网的尺度，搁到国外当然不算大，反正我觉得比较自由，言论尺度只是一方面，形象也比较自由，不像电视台非要弄得那么帅。我偶尔有点儿小结巴，但是我觉得我不是主持人，就我坐那儿跟你聊天。想看不结巴的同学请看《新闻联播》，那绝对不结巴还流畅得很，人家主持人的普通话水平还是一级甲等呢。因为我们是漫谈，很随性地聊天，一个是我本人就有点结巴，再一个北京人说话就是闲话多。

这节目没有台本，也没有提纲，一切言论纯属漫谈。我觉得一个彩排过的东西就没有意思了，只有现场说出来的东西才好玩；也没有台本，因为有台本就成讲课了。全是现场即兴漫谈。但毕竟是做节目，要有一个主题，就围绕一个主题说，有的时候说跑题了，在后期剪辑的时候就把漫谈和跑题的部分剪掉，留一个主题。就先一棵枝丫不规整的大树，最后为了符合要求必须得把旁逸斜出的地方修剪掉。我本来是想到哪儿说到哪儿，老得想，可是一想问题就结巴了，反正也不是播新闻，还希望大家海涵。

对于大家争议的一些问题，我认为至少在我这儿没有争议就可以，我不会聊在我自己心里都有争议的话题，我心里坚定地认为没有问题，那我就不怕，我自己坚定就没有什么可怕的。说起得罪人，我最怕得罪别人，得罪别人多不好啊，所以我永远不会说谁谁谁如何如何，我当然不会这么说。争议跟得罪别人是两码事，得罪别人是直接指着某某作品或者其他什么说三道四，那是得罪人。我说一个别人不同意的观点，那不叫得罪人，只是你不同意而已。这世界上都同意的事儿没几个，一加一等于二也都有人不同意，一些曾经奉为真理的东西没准到最后都给推翻了呢。

　　在节目里我不会刻意地去谈政治问题，我的想法是在好多期节目里潜移默化地谈。让大家有一个循序渐进的接受过程，不能一下子就全都倒给观众。因为我在美国待过很多年，非常了解那个体制。在节目里我不打算单独讲这些话题，比如之前播的讲青楼的那期《晓说》，也说到了为什么西方没有青楼，因为西方有自由恋爱的传统，我们的传统是包办婚姻，是父母之命媒妁之言，所以我需要自由的爱情，这才有了青楼。我讲镖局的时候，也谈到了为什么美国没有镖局，每个人都带枪，他们是横枪跃马这样一个尚武的民族，所以才影响了后来美国一系列的国家制度。

我对政治本身没兴趣，我只对政治背后那些生存的智慧有兴趣。比如国家的理想，待了这么多年，我发现美国是一个自由超越平等的国家，这和欧洲不一样，欧洲正好是反过来的，他们是平等超越自由。而这些有意思的智慧都和文化有关，我只关心和文化有关的东西，因为不管你是写剧本还是什么，你做的就是文化，这些就是文化的一部分，至于具体的政治的那些事，我是一点儿都不关心。就像科恩兄弟有一句台词我特别喜欢："美国没有警察的时候，也不是人人都杀人。"科恩兄弟那句话极大地震撼了我。美国现在有 300 万警察，杀人犯一个也没少，谁也阻挡不了。我特别崇敬科恩兄弟，他们也是犹太人，我在我的节目《犹太人》里面提到三个犹太导演：科恩兄弟、伍迪·艾伦和斯皮尔伯格，他们看问题都极深刻。不得不说犹太人真的很聪明。其实我本人是一个比较典型的自由主义者，可能我老了以后会变成一个无政府主义者，我觉得这样挺好。

做这个节目是想给更多的人看。我知道爱看这个节目的人肯定是跟我差不多的人。我经常在饭桌上发表各种言论，我发现有的时候大家筷子都停下来听我说，那这样的言论就一定是有意思的，大家爱听的，所以我就会说到《晓说》里说给观众朋友听。有时候说着说着，别人都不听了，这就不能给更多的人说。我当然希望更多的人能够听，因为我做一个节目不光是嘚瑟一下文化知识，更多是希望影响更多的人。不管是艺术观念的影响，还是让大家多了解这个世界，不说更宏伟的目标，咱们不敢用"启蒙"这种词，但是大家听着一乐呵的同时，如果能有更多的有意义的东西，那我就满足了。尤其我们整个民族比较封闭，能多一个角度想问题，多一个视角看世界，能够影响大家就挺好。60 后的同志们和 80 后还不太一样，我们还保存着当年的理想主义精神，这是真的，这不是给自己脸上贴金，大家还有一些理想，自己生活不错，不敢说兼济天下，是不是能够影响更多的人，能让这个国家或者这个民族更好一点，而尽一点自己的力量，这确实是一个动机。所以我通常不会聊特别没有引申意义的八卦的东西。

　　这节目不能叫作艺术，这都不配有"天花板"，那就是雕虫小技，那就是瞎玩儿玩儿。我觉得除了这电影、音乐、文字，这三项，我认为是艺术，而且我自己是有才华的，但是

音乐可以证明人有灵魂

1
5
3

虽然有限，只能到这儿了，剩下的事都是雕虫小技。《晓说》，根本就是人家拿俩摄像机，然后就往那儿一戳，就开始讲上了，事前也不知道要说什么，然后就说今儿说什么啊，想想说，随便说点什么吧，就说青楼吧，完全想不起说什么。人家说那你就说说美国生活，我说美国生活都已经想不起来说什么了，然后就说随便说说美国，结果美国那期真火了，就现在火到在上海开发布会时被湖南卫视重金买走。后来我想来想去可能是，我认为那个脱口秀哪儿销售都火，可能就是因为人家喜欢我这人，再加上讲的东西有意思，所以大家才那么捧场。诗歌也许在未来能有点儿前途，但是现在还没开始，我也不知道以后我的诗歌能发展成什么样。我曾经和我妈说，她从小教给我的诗词歌赋，长大后我都拿来还钱了。现在做《晓说》也是这样，用嘴赚钱。反正能说是我的一大特点，我都不敢说是优点。老狼就说我太能说了，我真的不像他那样，不演出的时候就在家里看书，人家是真正的文艺青年，到现在走到哪里都能拿本书看。可是老狼不能做《晓说》，因为他没有那么多的话说。这就是每个人都有自己独一无二的性格，每一个人都有自己的天赋秉性。

同为天涯

华夏人

同为天涯华夏人

　　我自己的亲身经历就是，在美国过的春节比在中国都热闹。在中国过春节的时候大家就是放个鞭炮，吃个饺子，全家一起看个春晚就完了，好多传统的东西都没有了。美国那春节过得简直就是大游行的阵势，是我在中国从来都没见过的那种热闹。尤其是第一代移民，他们的那种凝聚力是特别强的，他们心里面一直都惦记着家乡，那些传统的东西大家都记在心里头。平时什么都看不出来，一到逢年过节的时候就都展示出来了。比如说寮国的移民到了美国，他不感觉自己是老挝这个国家的，他感觉自己是华裔。在美国的加利福尼亚州，每年春节的时候是不分什么大陆的，港澳台的，什么东南亚的,全体华人一起出来庆祝。大家都是举着龙和狮子,因为我们是同一个民族,我们都是龙的传人。没人再去讨论什么两岸问题,什么让领导们烦心的那些事儿都不提,那没什么意思。过春节这边"哗哗"出来一大队寮国华侨,我们这叫老挝,美国管老挝这个国家叫寮国,寮国华侨一大片。一会儿羊肚的手巾,一堆60多岁的人打着安塞腰鼓,老知青队伍上来了。我们清华同学会在加利福尼亚州,是两岸清华合成了一个,就是清华同学会在加州是不分台湾清华跟大陆清华的,这两个清华是合在一起的。一共13000多校友,然后由大陆清华的毕业生跟台湾清华的毕业生轮流当会长,就是一年你当、一年我当,大家团结得很。

要说咱们华人移民美国的历史还是非常有戏剧性的。最开始华人去美国的时候大多数都是为了淘金,为了赚钱。刚开始的时候是人家给你钱,给你买船票,给你几两银子,到了美国不仅解决工作问题还可以名正言顺地解决签证问题,可是那时候人家倒贴的时候大多数华人都不愿意去,上船后都跳海再游回来。可后来要去的时候就没那么简单了,咱得倒过来给人家钱,必须给蛇头(传说中组织非法偷渡,从中谋取钱财的人）大概两万五千美金才能走得成，人家蛇头看飞机起飞了，那这钱就一定得交，到时候人能不能顺利进入美国，人家蛇头可不管那么多。旧金山发现了金矿之后，华人就踊跃地去了旧金山。后来澳大利亚的墨尔本也发现了金矿，所以又吸引了大量的中国人去淘金。在美国的第一代中国移民里还出现了很多的爱国者，不管是哪个国家第一代的移民都爱自己的国家，他们都是不可否认的爱国者。特别可笑的是网上很多人说拿着外国护照、绿卡就是卖国贼了，就不爱国了。爱国和拿着哪个国家的护照没有任何关系。很多爱国者，在中国的前进历程上起着举足轻重作用的人都是华侨。但是更可笑的说拿外国护照的人是不爱国，甚至是叛徒的人不仅是些普通的网友，在网上很多所谓的公知、精英也这么说，还经常去煽动这种情绪。大家知道吗，辛亥革命的主要经费都是海外华侨捐助的，人家就为了推翻清政府的独裁统治让中国走向自由，人家希望自己的祖国能更美好。所以在网络利用率极高的当下，年轻人必须要有独立思考的能力，不能人云亦云，看到什么消息要先走走脑子，查查到底是网上传的那样吗，然后再去发表言论。这样就没有那么多的网络暴力了。

所有的那种民族问题啊、政治什么的全都是政治和政客操弄的，因为政客们需要这个，就像司马懿需要诸葛亮一样。所以诸葛亮弄一空城计，司马懿一看就知道诸葛亮玩儿空城计呢。司马懿哪有那么笨，司马懿要是弱智怎么能跟诸葛亮打那么多年啊，所以诸葛亮城头上弹琴，司马懿一看就知道他玩儿空城计呢，因此撒腿就跑，为什么啊？因为司马懿抓了诸葛亮对他也没什么好处，有他诸葛亮在，才有司马懿的手握大权啊。诸葛亮没了，司马懿就叫"飞鸟尽，良弓藏；狡兔死，走狗烹"。他想申请多点儿军费也不行了，想要让他儿子当一大官也不行了，所以必须要有诸葛亮。司马家要篡权路人皆知，动不了他就是因为那对面有个诸葛亮，所以诸葛亮空城计一弹琴，司马懿一看就心知肚明，那旁边将领还不知道，说进去给他抓了不就完了吗？那是《三国演义》里写的，不是《三国志》，《三国志》里就写司马懿大喊一声说，诸葛一生唯谨慎必有埋伏快跑，自个儿先跑了，跑了15里然后一看表，差不多诸葛亮能跑了，才转过身和士兵们说话。大伙儿别误会，那时候没有表，是生物表，也就是看看太阳在哪边儿什么的来判断大概是几点了。然后就说现在可以回去看看了，一算诸葛亮肯定已经走了。所以政治都是政客操弄的，就是互相需要。中国自古的政治智慧就叫养寇自重，就是我必须养一个寇在那儿，然后我的合法性、我的权力等才得以体现。至于人民，人民根本不管你那一套，在加州大家谁都是中国人，我们就亲如一家，都是清华毕业生，谁也不说我是台湾清华什么大陆清华，都是清华的分那么明白干什么啊?

美国的非法移民，墨西哥人最多。除了西裔的非法移民之外，华裔的非法移民是最多的。非法移民在美国都特别地遵纪守法，因为在美国警察没有权利随意地去检查别人的身份证，除非这个人犯法了，警察必须得查身份证，那可以检查，其他情况不行。所以移民都特别地遵守纪律，生怕做了什么不该做的，让警察检查了，而且他们可以干很多美国人不爱干的活儿，拿着微薄的工资收入也不抱怨什么。所以大家也都睁一只眼闭一只眼，非法移民问题在美国是很宽容的。人家非法移民从来不会做 Homeless，一般 Homeless 都是美国人，有的人家就是好吃懒做，就愿意靠救济为生。有的是感觉那样的生活自由。而那些移民他们来美国就是来奋斗的，所以他们都很勤奋。要饭啊、不劳而获啊，人家从来不会做，想要饭还去美国干什么啊，哪里都可以要饭。人家移民又勤奋又守法，所以美国对他们始终采取容忍的态度。有一个最基本的人权就是用脚去选择。自己来选择自己梦想的地方、想要奋斗的地方。

　　我想如果有人让我拍爱国题材的电影的话，那我只有两个角度，其中，一个就叫在海外的这些华人。让我们从他们身上看到这个 5000 年的祖国还有那么大的凝聚力，还能给每一个人内心深处的那种影响。

我不是艺术金刚

　　曾经有人问我，以"伟大的祖国"为题导一个电影，我愿意导吗？我想我还是愿意的。在我心里我认为伟大祖国对外跟对内是两个东西。对外是火药、指南针、造纸术、印刷术。对内其实是麻将、按摩、炒菜和吹牛，实际上我觉得这才是我们真正的四大发明，而且是有证据的，就是有充分证据说这确实是从南到北、从东到西，融在我们民族血液里的。爱吃、爱赌、爱吹牛、爱按摩，不但中国就这四样东西，国外任何有华人的地方，就一定有华人餐馆，有按摩的。按摩在洛杉矶已经从 70 块钱一刻钟降到现在的 12 块 5 一刻钟了，因为开得店太多了，这就成了恶性竞争。因为绿卡太多了，他们就只会干这个，所以洛杉矶做按摩、开餐厅的就特别多。然后打麻将，华人只要走到哪儿能打麻将，这地儿就能住下来，打不了麻将就得回家乡去了。

吹牛的中国人也很多，主要是汉族人。我说的这几样其实主要都是汉族人。咱们这个伟大祖国是 56 个民族组成的，咱们别把那个人家挺好的，爱弹琴、爱跳舞、阳光透明、纯粹的少数民族给搅和进来，这些事儿都是咱汉族干的。让我导个爱国电影，我真的不排斥，我也会导的。我会想导这个电影需要多少钱，以及我有没有时间，如果我没事干那我就导呗。我不是那种艺术金刚，说咱们毕业了，不妥协、不投降，然后冲谁都瞪着眼睛，人家还没说话呢就说不行，我可不是那样的人。因为我到美国的第一年，我主要干的就是到处给人家讲故事。所有制片人一听我的故事就会说："你这一听就是少数民族的故事，你太不了解美国了，虽然你英文说得不错但是没有用，你不了解美国人民。"美国人都有一个特点，就是读《圣经》长大的，每个人都说："我告诉你，你先去把《圣经》读一遍。好莱坞的所有故事都是《圣经》故事，只是披了不同的现代的外衣，所以你讲的这个故事我们一听就知道你没看过《圣经》。"于是我就去学习《圣经》。后来他们给我一个严格的规定，就是讲任何一个故事的时候，你不能用"我"当主语，主语必须是观众，观众以为他是怎么样的，你必须这么讲故事才行。这就是他们那儿洗脑式的训练，必须每一句话的主语都是观众。你不能说我觉得怎么怎么着，你是什么都不是！凭什么你觉得这样？我讲的任何一个故事，人家第一句都会问你："谁要看这电影？"一开始我还特别不服，还很傲，会回答说："我会看这电影！"然后人家就会斜眼看着你，说："那您去纽约吧，别在这儿混了。"所以慢慢地我那些狂傲的东西就都没有了，就会变得非常谦卑，也学会了察言观色。

所以我是在那边很多年被洗了脑，已经没有多少我那种当年在北京大家都是艺术金刚的感觉了。我录的第一张唱片其实不是《同桌的你》，是一张录得不够好的，人家也没告诉我他要给我出唱片，也没诉我们他自己找歌手，反正就是一张歌手、制作都不够好的唱片，可是那时我们是新人都从来没出过唱片，人家给我 500 块钱，让我签字，人家说，我们给你出一张唱片，都已经录好了。我说第一我不要你这

500 块钱，第二我不会签字的。人家我说给你出唱片你怎么还不签字呢？我说歌手唱得不好，你们弄俩晚会歌手，听说还没上过大学，怎么唱睡在上铺的兄弟啊，只能唱睡在上面的兄弟，不能唱睡在上铺的兄弟。而且睡在我上铺的兄弟真的是我大学时候的室友，他是湖南人，跟我朝夕相处那么多年，多有感情啊！然后让晚会歌手来唱，能唱出我们之间那种感情吗？我能受得了吗？我就不签字，人家说你挺有性格，我说这不叫性格这叫坚持。所以你看在北京特别容易养成艺术金刚的那种臭劲儿。当然也没什么不好，美国也有这臭劲儿的都在纽约，美国它好在把它分开了。纽约看不起洛杉矶这边的艺术家，嫌弃他们天天说观众什么的，自己没有艺术坚持。他们管这边的电影叫 kisses movie，就是你们那好莱坞电影就 keep simple stupid，所以好莱坞管纽约就叫 Film guerrillas 就是电影游击队。

当然了你是游击队土匪的时候，你先想到的是我要干吗干吗，你有了一点地盘了你当然要想到你们大家，你们得长期地给我花钱，等于你当土匪的时候在一山上，你想的是今天我要吃多少、抢多少。等你占一个县你就开始想，我是不是要开始收税了，我要收税我就不能光想我自己了，我得想你愿不愿意10年、20年、100年你都愿意交这个税，那我就开始想别人的事了而不光想自己了。要是土匪的话直接就把这个县抢光了才不会想那么多呢，但我要占领这个地盘，我就要多想因为我想要他们长期地来交税。好莱坞就是这么想的,希望你永远能花8块钱买票看电影。我就不给你来那个了，那个你可能被我骗两回，进来一看说，哎哟，我花8块钱看您拿一放大镜、显微镜看您自己胳膊上一细微的伤口。您看自己的伤口凭什么让我花8块钱，来看您拿一放大镜看自个儿，其实那伤口也没什么大不了的，只是有一些人特别多愁善感,明明这一点小伤口给放那么大,觉得活不了了这世界，这城市钢筋水泥，又冰冷了什么的。咱不都活在钢筋水泥里，不是都挺好的吗?

　　我要拍一个伟大的祖国，其实我要拍的是这个国家里的人民，他们对这个国家的态度如何才能体现出这个国家的伟大。因为国家它不是上帝，上帝是来照顾全人类的，我负责决定你上天堂还是下地狱，那是上帝的工作，国家不是干这个的。最终就是说你这个国家里每一个人，被这个国家影响得越来越好、越来越真善，美我不敢说。

我在《如丧:我们终于老得可以谈谈未来》这本书里写《林徽因》的那个剧本，其实重点写的就是这个国家，我看好多反映就觉得，因为这本书除了小说就是一堆电影剧本然后还有散文，电影剧本里大部分人都认为那个写得最好。那个时候我也怀着对伟大祖国的深情，但是写的是 30 年代。30 年代那个国家不也是咱们伟大祖国吗？她要不是咱们伟大祖国，火药、造纸那就跟咱没关系了。

我现在已经不是艺术金刚了，刚毕业的时候身上还有那种艺术金刚的臭劲儿，可是现在不会了。中国从古至今由十几个朝代组成，每一个朝代都塑造了我们的民族性格，或者说把这个民族变得更好一点或者更坏一点，十几个朝代共同组成了我们伟大的祖国。这个祖国是值得我们尊重和热爱的，为这个国家做点事情也是应该的。

伟大的祖国

　　我有一个自己切身的感受是在海外的华人中你能清楚地感觉到，我们这个有着5000年历史的国家还是很伟大的，这个古老的国家不管她有多少这样那样的问题，但是在外面的人仍然感觉她很伟大。海外华人和华侨对祖国的热爱，只比国内的人高不比国内的人低。举一个我亲身经历过的例子，2008年奥运会的时候海外华人保护奥运火炬简直就是不遗余力。反而西方反动媒体别有用心拍了大量的火炬在国内传递之后，国旗都掉地上了，那都是国外媒体的别有用心。因为在国外自己国家的国旗掉地下了没人捡起来简直是不可想象。2008年奥运火炬传递到美国时，先在伦敦、巴黎叫人一通地抢啊、堵啊什么的，所以到了旧金山的时候，南加州就去了很多人，加上北加州以及各地来的可能有几万华人都跑去那儿，大部分是说去保护火炬，极少部分自由主义分子比如我们那些人是去看热闹。我们说我们去看看这个历史时刻，这不就是历史吗？这是历史的一部分。然后就在旁边看热闹还挺激动的。

一会儿这好几万人突然就手挽手一起唱"五星红旗迎风飘扬，胜利歌声多么响亮……"，对着那十几万反帝国主义分子，结果我们这边全哭了，包括我本人在内。我们为什么哭了呢？因为我确实被感动了，因为我确实是听着这歌长大的，我确实是这民族的一分子，后来我们就说，这是 homesick，这就叫作乡愁。这不是政治立场，这跟持什么样的政治观点没有任何的关系，无论他们唱什么旗我们都会哭，哪怕唱"小船儿轻轻漂荡在水中"我也会哭，因为这就是乡愁。不仅仅是对家乡的思念，是自己一个人身在他乡，看到自己国家自己民族的人唱着自己从小听着长大的歌儿，那种感觉我想是不能用语言表达的，除了感动还是感动。咱不也有俗语这么说嘛"老乡见老乡，两眼泪汪汪"，这老乡的一首歌就给我们唱得都热泪盈眶了。

这乡愁跟一个人是什么民族、什么环境、什么教育，一点儿关系都没有，只有这种情感才叫作基础性的情感，才是根源性的情感。一个人到四十岁，会突然觉得，怎么来这玩意儿了，挺有意思的。我一想到北京，首先想到的就是儿化音。因为我在国外，长的时候一年半都没回来过一次，然后回到北京，第一件最打动我的事就是听见北京老太太说，呦，这小伙子车好，这车冒黑烟儿，小伙子车好，烧煤球儿的。你看这种智慧，在别的地方真没有。这跟东北人打岔子，二人转还不一样，就是北京老太太这种智慧，我一听见老太太说"小伙子这车好，烧煤球儿的"，我差点儿眼泪都快掉下来了。在别的地方听不到这样的说法和声音，这才是我熟悉的声音。所以就感觉，乡愁原来是如此动情。

从这儿就能看出民族情感，或者就跟这国家有联系的这些东西，这是割不断的，不因政治态度、观点不同而被割断，不管一个人持什么政治态度都会爱这个国家。所以每当有政治分歧的时候，最反对的就是说，别人以爱不爱国来判断你。政治上不管有什么分歧，大家都是爱这个国家的，只是说有人希望这个国家是那样的，有人希望这个国家是这样的，但是没有人不爱这个国家。国家就像是我们的母亲，没有孩子不爱妈妈的，只是有的孩子喜欢妈妈这样，有的孩子喜欢妈妈那样，但是我们都爱着她。

别说咱们这么大一个国家，美国600多万移民，人家也爱这个国家，还有那么小的一个国家，人家的国民一样爱。有的人有时候经常说那小国有什么可爱的地方啊，地方也小、资源也少。这样说的人都是因为没有在小国生活过，没有做过小国寡民，如果在小国生活过就知道了人家到底爱不爱国。我在全世界去过那么多地方，越小的国家人民越爱国。你可以倒过来想这个逻辑，如果这个小小的国家的小国寡民，他们不爱这个国家，这个国家早就不存在了，它就不用独立了，它早就被别的国家殖民了或者并入任何一个国家，合并成任何一个国家。为什么到今天，在世界地图上还有那么一个小疙瘩，就是因为这个小地方的人他们爱这个国家，他们不愿意并到任何一个哪怕你是更富有的国家去。所以你看到特别有意思的现象，越小的国家它的人民越爱这个国家，然后经常一到他们国家的节日，就举着各种旗子出来，拿着美国护照的也举着他们自己那小国的旗子出来了。这就是对国家的热爱，对祖国的眷恋。

所以不仅是我们自己感觉自己的祖国伟大，别的国家的人民也感觉他们的祖国伟大。个人和祖国的那种情感是我们没有办法说我有多么多么爱国的那种，而是当你生活在这个国家的时候你也许看到的是一些不好的地方，是需要改进的地方。但是当你出过之后远在他乡之时，你会感觉到无论怎样，自己的根在祖国那里，祖国是很伟大的。

国籍与爱国

我从小生活在国内，虽然后来去了美国，也周游了许多国家，但是我的根在这里。虽然我拿着美国的绿卡，但是这不代表我不爱国。爱国和我持有哪个国家的国籍没有任何的关系。我生活在这儿，这里是我的故乡。我确实一大半时间在美国，然后有很忙的时候，一半儿一半儿的时间会奔波在美国和中国之间，因为我有很多事情要做。如今美国我也有几年确实没回去过。最近两年美国经济萧条得一塌糊涂，一塌糊涂就是你所看到的每个人都必须用垂头丧气来形容，所以至于我这一帮跟我经常合作的美国制片人总说我们宁可觉得中国挺好的。

他们说你看你们中国人每个人对未来能买房、能升值、能有更好的工作、能搬到更大的城市去而充满希望。他说："你看我们这儿，整天垂头丧气的，你问问美国人，你觉得未来会更好吗？没几个人认为会更好。你问美国人说你觉得你未来 10 年会换一个更大的房子吗？没有人说会。"当然了，后来我的回答是，什么东西更好呢，就是你没有的东西就是更好的。然后你都习惯的东西，你就觉得没什么。就像有些人习惯了一个大美女在自己旁边躺了 20 年，他真的觉得没什么。我们所缺乏的，就是我们觉得最有价值、最美好的。这都是我个人的想法。

我在美国申请公民的时候有过一些犹豫，所以我到现在还只拿着绿卡，还在想要不要申请的问题，但是我可能会吧。我现在还没想好，我跟我太太还有点分歧，但是拿绿卡就可以了，那不是一样的吗，唯一的区别就是没有被选举权。我也不打算去选美国总统，人家也不可能选我一个中国人当总统。在我心里一直认为爱国与国籍没有关系。我不认为拿哪个国家的护照跟爱不爱国有什么关系。

自由 VS 平等

　　美国是一个伟大的国家，当然中国也是个伟大的国家。美国是一个伟大的国家，它的伟大之处在于美国实现了很多很多人在不同的地方包括在欧洲，奋斗了很多年想实现的东西，比如说自由、比如说平等。而且美国是差不多我见过的国家里，很少的是自由超越平等的国家，因为自由和平等是一对天敌，每当你自由的时候就伤害了平等，你要平等就没自由。所以我个人感觉欧洲更把平等放在前面，就是在欧洲可能自由跟平等冲突的时候，欧洲更看重平等，所以欧洲有全民医保，欧洲有各种社会主义式的福利制度，因为它更看重平等。我觉得这是历史原因导致的，因为欧洲历史上有贵族，太多的贵族还有教会压迫人民那么多年。所以他们那个不平等是他们心里上千年的伤痛，所以他们要求平等超越自由，平等在欧洲是排第一位的。

美国因为没有公爵、伯爵、国王这些人，它没有这个历史，也没有强大的教会，美国的教会远远不如欧洲强大，美国也没有教皇，因为美国信的是基督教新教。欧洲天主教还有教皇呢，那教皇的珍宝馆里富有极了，要什么有什么，有的甚至富可敌国。美国都没有大教堂，除非哪个天主教遗迹，正经的基督教新教都是小教堂，所以美国在历史上没有平等的伤痛。但是去到美国的人都是什么人呢？当年从欧洲上船的那些人、想要获得自由的人，所以这群人到了美国，他们建立的这个国家，我觉得是世界上算最珍视自由的国家，自由在美国这个国家是受到无上推崇的，他们用10条宪法修正案来保证人民的自由。然后平等是放在下一级的法律里面，各种什么《平等就业法》《反种族歧视法》是在低一级的法律里，自由是写在宪法里的。

如果现在让我不带出生在这片土地、这个国家的各种情感，也就是假定我现在还没出生，给我一些选择权，让我不带任何偏见地在全世界的各个国家里去选择自己的出生地，我还是会不知所措，虽然我去过很多国家。但是这个国家的概念太宽泛了，比如在法国，南法跟巴黎就不一样。意大利也是，南部跟米兰那边就不一样，美国西岸跟东岸还不一样。我想我更需要选择的是城市。我得想一个特别好的地方去投胎，投胎可是门技术活儿。

如果能选择的话（这只是个假设，我已经出生在中国并生活了几十年了）我想还是去瑞士吧。首先瑞士人生来就会说四种语言我觉得挺好的，不用刻意去学了。因为瑞士没有瑞士语，所以瑞士人只能用其他的语言来交流。在整个欧洲都是平等更好一点，但是自由也不缺，并不是说因为平等欧洲人就不自由了，他们还是很自由的。只是说当这两个发生直接正面冲突的时候，我们就能看出来人家更看重的是平等。比如说高福利、高税收伤害了很多人的自由，这个时候就要进行平等游行。比如说全民医保伤害了不愿意看病的人的自由，有些人这辈子就信中医，就靠针灸来治病，人家就不想去西医那里看病，那凭什么跟其他的人纳一样多的税，就为了让所有的人都能去医院看病吗？其实是伤害了这些东西。

但是它当然还是有自由的，在文化上欧洲比美国自由得多，美国在体制上是最自由的国家，但是在文化上却很保守。你想美国那些法律，美国之保守，总统有个什么实习生都当一大事儿，全国都疯了，全出来指责总统不可以这样也不可以那样的。但是在欧洲谁管你总理、总统做什么啊，你有十个情妇也没人管你。大伙儿别误会，我也不是冲这个才愿意去欧洲的，我是有家室的人。

　　因为美国是新教徒国家，文化上确实趋于保守，大家看好莱坞的电影就知道了。政治正确，上帝、母亲、家庭、传统，在里面都要有，然后在美国绝大部分的州都禁赌、禁嫖。美国全国只有五个县是可以嫖娼的，就是因为那五个县实在没任何资源，因为大部分都是沙漠，不像其他的州有各种收入来源，他们的收入来源比较单一。在加利福尼亚州，我不是说了这个，我只是举例子，跳脱衣舞的姑娘不能把衣服脱光，然后观众就往人家内衣里头塞个钱都已经激动得不行了。后来我就跟人家说你到欧洲去，你到 Barcelona 那边的 Night Club，往姑娘内衣里塞钱都是小事儿，当台都可以直接做爱了，然后老美就都不敢相信那是真的。跟欧洲的文化开放一比美国简直是土得要死。然后美国人当然有了钱他自己会说，你看我买了意大利家具或者我买了迪奥的包等，他不会和别人炫耀说我自己买了一个美国牌子的。

所以在美国有一点儿压抑，整个文化右倾保守，左派在美国只有零星的据点，就是西岸只有旧金山，东岸就是波士顿。基本上左派就集中在这两个城市。他们敢骂上帝，然后敢反婚姻，所以这两个城市是最先同意同性恋能结婚的，在欧洲对于同性恋这个问题大家早就无所谓了都，美国可是保守极了。你看汤姆汉克斯主演的著名的《阿甘正传》就是好莱坞右派的保守宣言，不但信上帝还老得说 Mama said，Mama said，整个电影全都是 Mama said。

所以这个美国文化里面和我向往的这样一个欧洲文化里面更加大胆和开放的东西是有一点点冲突的。实际上在美国最激进的艺术家基本都是左派的，集中在纽约、波士顿和旧金山。在欧洲是大量的左派艺术家。所以这个它更多元化，而且欧洲每个国家都有左派党，工党也好社会党也好，这都是左派党。真正的左派是恩格斯组建的那个第二国际传下来的那些党派，所以它们轮流执政，像英国现在又是工党执政，法国现在也是左派上台。所以欧洲的左派倾向，体现在政治上、经济上，尤其是文化艺术上。欧洲的左派艺术家是大量的，所以你看法国的电影和意大利的电影很不同，你看美国电影那个政治正确，正确到007到了美国，现在007都不花心了，原来007可是风流得很，现在007都开始珍视爱情、珍视价值、珍视传统了。

我来讲一下美国左派是怎么划分，左右派文化非常清楚叫三原则，就是信上帝、珍视家庭价值、珍视传统，这就叫右派。好莱坞就是典型的右派，所以你看好莱坞电影里那一切政治正确，这白人主角的领导一定是一黑人，而且是一好领导，你只要看到一个黑人领导什么上级出来了，他必不是一个坏人，就不用往那儿想了，他必是一个好人。然后等等吧，尊重女性，然后就是尊重家庭和爱情的价值。他们都手捧《圣经》，深信上帝。

美国左派三原则，就是去你大爷的上帝，什么家庭，我就推崇性解放，然后什么传统一定要反传统这就是嬉皮士，传统怎么来就不行非得和传统反着干，这就叫左派。但是左派在文化里是非常重要的，如果每个人举着《圣经》珍视传统、爱的家庭这样文化又怎么向前走呢？每一次砸烂解构和向前走都是左派在前面。他们更加前卫、更加激进，首先把这些东西都砸烂、毁掉。所以在欧洲这根本不是问题，欧洲是一个那么开放的社会，大家不关注这些事情。美国是政治跟经济非常自由，文化特别保守的一个地方，除了大家电影里因为老看见纽约那么糜烂的生活就以为美国就是那样的，其实纽约根本不是美国，它代表不了美国，全美国人都说纽约是纽约，美国是美国。"9·11"死3000多人，他们分别来自61个国家。纽约完全是一个世界性的那么一个大城市。所以我要在瑞士我就很幸福，因为瑞士很自由，我到瑞士去参加过他们每年8月的第二个星期六在苏黎世德语区的爱知大游行，瑞士是没有瑞士语，它西边是法语区说法语，北边是德语区，西边就是日内瓦这边说法语，苏黎世这边说德语，南边 Locarno 洛迦诺那边说意大利语，东边还有一点说罗马尼亚语的，反正是大概是这样的。然后每年8月的第二个星期六，大家有空可以去玩，太来劲儿了，按个活动叫爱知大游行，全世界所有的顶尖 DJ 全部到场，然后那种巨型大卡车，全欧洲上百万年轻人恨不得一丝不挂，全城的汽车都停驶，那天随便按喇叭没有人管你，因为欧洲人很讲规矩，欧洲只在星期天每个城市按喇叭，就是因为足球赛，足球赛一来大家都疯了、球迷更疯了。那天简直太狂欢了，所有人都特别高兴。你看完那种自由的景象，在美国大概只有 60 年代末期 70 年代初的革命时期有，绝大部分时期美国都没有那种东西。瑞士人就同时会说法语、德语、意大利语和英语，因为英语大家都得会，欧洲人英语都非常好。当然你还会说一点罗马尼亚语这个也挺逗的，所以生在瑞士这个自由的地方，能享受到不一样的自由人生。而且我还想生在法语区，因为法语区吃的比德语区好得多。因为我要生活，这些都食色性也，而且瑞士很难得，法语区吃的还不错，姑娘长得也还不错，至少比德国的好看。

在法语区还不错，经济居然还可以。因为我自己去过好多国家，我老有一个基本的概率性的认识就是说，当这个地方吃的又好、姑娘又漂亮，这个地方经济必不发达，因为男的就没奔头了。说吃得随便、姑娘长得丑的那些地方，经济都发达。比如四川随便炒一个菜就好吃，姑娘随便来一个就好看，所以经济就不发达，因为男的就不用拼了。你看德国姑娘又难看，吃的难吃，哇！经济太发达，因为男人得拼命。这是基本的奋斗的理论，吃的都不好吃，姑娘又不好看，你为了找到一个好看的老婆和吃上美食你不得奋斗吗？

我要好看的老婆最后也只能娶一个，只是寻找的过程会容易很多。现在姑娘好不好看也不关我什么事，我已经有漂亮老婆了。话虽这样说，要是姑娘普遍都好看，我很容易就找到一个称心如意的，我上公共汽车上就抓出俩来。姑娘普遍不好看，我到奔驰里都抓不出好看的来，我上哪儿抓去啊，那得有游艇才行。你看香港在这一点上就非常明显，整个香港那点儿长得好看的都在游艇上。所以香港男人不就得拼命奋斗吗，虽然人家吃的挺好吃的，可是为了漂亮姑娘还是得奋斗。

我老婆不也是我百般奋斗抓来的吗？人只有奋斗才有爪子，没爪子上哪儿抓去，是吧？这个在我的人生目标里占有很大的份额。其实在每个人的人生目标都占很大的份额。我跟你讲如果人的人生目标不是这两个，人就不是一种生物，因为生物特性首先是生存跟繁殖。什么叫生存跟繁殖，就是吃跟性。这要在人的生活里不占很大的份额，那人就不是动物，那人成什么了？就是一种思想、是一个魂到处飘着。我估计下辈子可能是，因为死了不需要那俩了。

　　瑞士既不是西方也不是东方，它也没参加任何阵营，所以它也不用欧元，它也不用签证，它是一个非常自由独立的国家，所以你就不用说有什么政治倾向，反正在瑞士就是特别自由，而且瑞士空气好得简直令所有国人都羡慕，那个湖美得，哇，你从雪山顶上一直能滑到家门口。在瑞士随便拍一张照片都美得要死。让谁去选择都会选择这个又自由又有美女又有美食又有美景的好地方的。

此生
未完

此生未完

在 1969 年 11 月 14 日我呱呱坠地在北京一个高级知识
分子家庭，我们家可是百分之一百的书香门第。全家不是搞
物理就是搞建筑的，并和清华大学结下不解之缘，且有着浓
郁深厚的感情，以至于我长大后想报考梦寐以求的浙江大学
都不能。高考过后我并不想报考清华大学，由于具有得天独
厚的地理优势，我中学的时候就已经去清华的舞会侦察过
了，女生少得可怜不说还都长得跟女科学家似的，我只能望
而却步。宋柯当时也一心想读浙江大学，因为当时只有浙江
大学有经管系，清华没有，正好经管系还有特别漂亮的女老
师，所以当时的宋柯也对浙大趋之若鹜，但后来也和我一样的

命运——被家里无情镇压了。要说我们为什么都想报考浙江大学，那是因为浙大山清水秀、美女如云。其实我已经偷偷地填好了志愿，只是后来被我家里发现了。我和我爸妈说我为什么不能自己做主呢？我们家人就跟我讲，男人一生一定要坚持一个世界观。我不能在这个时候说自己是一个西方人，我是自由的，然后等我找父母要钱的时候说自己是东方人，我是一个中国人，父母得养活我。要是按照西方的道路我就自己决定上哪所大学，但是得自己供自己读大学跟美国人一样，父母一分钱都不会给。要不然就东方方式，父母给我拿学费、生活费，我报考清华大学。经过激烈的心理斗争之后，我没出息地向物质低头，放弃了理想的浙大，报考了清华大学电子工程系雷达专业。我生长在特别狭小的那种环境，生下来周围就是那种连硕士研究生都是文盲的环境，整个院里就是那种气氛，各种在中国各个领域坐头把交椅的人物。我长大以后也是，一直没离开过所谓的那种名校心态。

我上大学的时候很潇洒，组乐队、玩儿摇滚，在清华的宿舍的楼顶上排练，结识各种志同道合的好姑娘、好小伙儿，并结下深深的革命情谊。还记得我曾经同老狼（那时候还是小狼）远赴海南岛演出，给当地歌厅普及摇滚乐。当时我就是想出去走走，老狼是因为收到狼嫂的分手小纸条心里难过，也想出去透透气，我俩就一路向南，长途跋涉奔海南岛去了。到了海南岛后也挺艰苦的，我们在台上唱歌，人家就说你们唱的什么啊，我们不明白，最后还被人家追着打。当时我们还在没电的屋子里面弹琴唱歌，因为隔壁的宿舍住着 17 个姑娘，我们这两个房间的夹墙上还有一个高高的气窗是相连的，都能听见隔壁姑娘的声音，不能看就只好听听姑娘的声音了，对于那个时候的我们已经算是很大的慰藉了，这个也算是因祸得福。没想到在海南的生活结束得太突然，人家不让我们唱了，我们只好打包走人。当打道回府的时候只剩下一个人的车马费时，我果断地把机会让给了老狼同学。我自己一个人坐船去了厦门，第一次感受到什么叫作远方，并在流浪于厦门大学的日子里邂逅了那个我终身感激的姑娘。厦门流浪的日子在日后也让我无比怀念，那时候的我们单纯得可爱极了，没有谎言也没有欺骗，只有满脑子的梦想和挥霍不完的青春。

从厦门回来后我从清华大学退学进入北京电影学院导

演系研究生预备班学习导演电影，随后又进入亚洲电视艺术

中心任编导。期间还做广告用以糊口，没想到后来不仅可

以靠这手艺糊口还让我年纪轻轻就提前奔上了小康的生活。

二十三岁的时候林肯车也有了，"大砖头"手机也有了，手机

下面还挂着一个大BP机，还有一个特牛的呼号"6"，别人

的呼号都是好几位数字，我的呼号就一位，在当时真的是非

常高调了。年轻的时候自我膨胀得厉害，现在想想当年的自

己，都想找个地缝钻进去。也许这就是男人成长的必经之路

吧。我总认为男人的成长比女生要艰苦得多。总是在推翻了

以前的自己再重新来过，然后才能一点点长大。别人奋斗很

多年才得到的东西，我大学毕业后不久就纷纷入手。有钱了

也不能忘记兄弟们，经常和大家一起大碗喝酒、大块吃肉，

哪个兄弟需要用钱也都慷慨解囊。男人给男人钱有一万种理

由，总之要让兄弟拿钱拿得心安理得。老狼是我的好哥们儿，

他最让我感动的是他能受得了我，那时候的我现在自己想想

都挺烦的，我自己都受不了我自己，而老狼能一直宽容我。

所以我们能成为好兄弟，在我心里我是非常非常感激老狼的。

后来他还在我最艰苦的时候给我汇了10万块钱，让我特别特

别感动。那次他以我过生日不在国内为名义，给我汇了10万块钱，让我自己在国外买点什么。其实是我自己拮据了，他又不好意思直接救济我，就只能以这样的方式让我拿得心安理得些。兄弟就这样，总能在你需要的时候雪中送炭。我学过导演，一直对电影也情有独钟，便为老狼、林依伦、朱桦、何静这些我喜爱的歌手们拍摄MTV多部。还为中国电视剧艺术中心编剧了上下集电视剧《心祭》。我学的这点儿知识不仅没浪费，还让我对电影产生了深深的感情，不敢奢望能拍出托纳多雷《天堂电影院》那样大师级别的电影，但也希望部部都能让人耳目一新。

　　1994年出版了《校园民谣Ⅰ》，从此我正式进入音乐圈，成为所谓的音乐人，《同桌的你》获当年年度几乎所有流行音乐奖之最佳金曲、最佳作词、最佳作曲，包括全国观众评选之中央电视台春节晚会最受欢迎节目一等奖并使该张专辑成为10年来销量最大之原创专辑。记得那会儿《同桌的你》也算是火遍大街小巷、长城内外。有一天我和郑钧去郊外玩儿，然后在田野里特别幸福地游荡，正在那里惬意地享受呢，就看到一个农夫正在锄地，突然间昂起头对着苍天"谁娶了多

愁善感的你……"我和郑钧就笑了，然后说，哟，这个歌真
火了。写这歌的时候我并没有想表达爱情的感觉，被人唱着
唱着竟有了回味初恋的味道。好吧，那就算是表达了一种淡
淡的爱情吧，反正每个人都有一个让人难以忘怀、依依不舍
的异性同桌。当年一曲《同桌的你》让我和老狼同时小有名
气，但给我们的待遇是不一样的。这首歌我只赚了800块钱，
我师父黄小茂赚了2000块钱，老狼可是赚了800万啊！这能
是一个级别的吗？而且这首歌带给我们两人的爱情境况也完
全不同：《同桌的你》让老狼和初恋女友潘茜也就是传说中的
狼嫂保住了幸福。老狼打越洋电话给狼嫂深情献唱《同桌的
你》，狼嫂感动万分，在一个冬天的夜里偷偷回国，轻轻地敲
开了老狼家的门，从此两人涛声依旧了。经过15年的爱情长
跑，他们俩终于在2004年年底完婚。也算是这歌没浪费，终
究成全了一对佳人。老狼就爱过这么一个姑娘，而且这个姑
娘始终都在他身旁。如今我也有我的妻子，有我的娃了，家
庭给了我很多爱与温暖。那几年创作的时候总有被老天爷眷
顾的感觉，好的音乐就那么自然地在笔下流淌，仿佛像打开
的水龙头，好词好曲永远都流不完似的，后来我才知道那种

幸运的时候并不是随时都能有，更不是谁都可以有。随后数年，我为刘欢、那英、老狼、小柯、黄磊、朴树、零点乐队、叶蓓、林依伦等人谱曲作词或充任制作人，继续获得多项流行音乐奖，在音乐上我也算是收获颇丰。1995 年推出了《恋恋风尘》、《蕾》等歌曲，也获得当年各种金曲、词曲奖并使《恋恋风尘》专辑销量再创佳绩，心中很是欣慰。至今我仍记得那张专辑封面上的一句话：在夜深的时候和你在一起，分享一杯清水和一种声音。老狼的声音就如同那清水一般透彻，平淡中品出香甜的味道。

《青春无悔》是我的个人作品集，1996 年和大家见面，这张专家不出所料地在青年学生及知识分子中引起巨大反响。我一直认为喜欢我的朋友都是那种混着过日子，年轻时挥霍青春，最后还莫名其妙地养活了自己的好孩子们。这张专辑被许多媒体评为中国原创音乐典范之作。同年年底我在南京五台山体育馆举行的"高晓松个人作品音乐会"创该馆举办演出入场观众之最（万人体育馆观众达一万两千人），也成为当年南京最轰动的文化活动。我对《青春无悔》这张作品集有着特殊的感情，尤其是其中的同名歌曲。这首歌写于 1991

年年初，我流浪了一圈儿回到北京，找到那把吉他时，它只剩下三根弦了。所以写了这样一首九拍的歌，多年后录这首歌的时候，老狼在棚里哭了，我问他为什么，他说他想起和女友在一起的时候在北京八中校门口树上刻下的字，他在黑着灯的棚里，我在控制室里，通过麦克风谈起那些往事，谈起她们。她们就像是从我们手指尖上滑过的那些叫作岁月的东西一样，偶尔还会涌上心头。当时周围是寂静的，我俩就这样近在咫尺却加不到对方通过麦克风聊起过去的那些岁月，真是别有一番滋味在心头。在这张专辑的序言最后我写下这样一段文字，来表达我内心似乎还算平静的心情："成长是憧憬和怀念的天平，当它已倾斜得颓然倒下时，那些失去了目光的夜晚该用怎样的声音去抚慰。你们让我快乐，也让我难过，让我放歌，也让我沉默，别怪我。"

1997 年、1998 年，我完成小说《写在墙上的脸》的创作，这本小说以一张名曰"模特"的被人画来画去的脸的变迁为主线，写了几个男女在这个时而要脸，时而就是不要脸的生活怪圈中悠闲自得的成长过程。这本书直到 2000 年 3 月底才出版面世，没想到卖得还不错。1997 年在文字上是多产的一年，这一年剧本《那时花开》也创作完成。1999年我自编自导并作曲的电影《那时花开》经过几年的雪藏终于得以上映，这是我的电影处女作，是我非常疼爱的孩子。拍这部电影的时候我恋爱了，剧中的女主角原来叫琛子，我连夜让剧组将女主角的名字改为欢子。我和欢子一见钟情，谈了三天的恋爱就决定结婚。那时候我们俩都没有异性朋友。为了维护家庭幸福，避免家庭的冲突，都很自觉地把异性朋友疏远了。没办法，我一向重色轻友。和欢子离婚是后话了，这个我不想多说些什么。现在我亦有我的妻，有我的娃，没有什么比她们更重要了。爱与责任便是家庭的全部。《那时花开》由周迅、夏雨、朴树、田震主演，在国内获得DVD销量过百万的成绩，还不错，我挺满意的。青春是美好的，回忆有选择地删改也是美好的回忆，而青春是支离破碎的，刻意追求的片面美好是苍白的，无逻辑的，经不起推敲的。但谁又能拒绝美好的回忆呢？尽管它并不完全真实……

我的每部电影似乎都得经历一段时间的雪藏才得以上映，2003年自编自导并作曲的电影《我心飞翔》费尽百般周折总算和大家见面了，影片故事挺简单的，一个女人与三个

男人之间的故事，一个她爱的人，一个爱她的人，一个与她
生活但没有给她幸福的人。影片里每一个人都有梦，每一个
人的梦都不同，但最终每一个人的梦都破灭了。我们年轻的
时候总会有很多美好的梦想，有的实现了，有的还没来得及
实现我们就长大了。长大了经历得多了，曾经的梦想也许就
不再是梦想了。《我心飞翔》获得当年的法国里昂电影节最高
奖以及美国雪城电影节评委会奖。我完全没想到这个电影会
得奖，欧洲评委应该习惯看描写中国生存困境的现实题材才
对啊，而且我当时没有法文字幕……那些欧洲评委说《我心
飞翔》不像中国导演拍的，因为画面拍得特别漂亮，跟现实
没什么关系。我想他们是拿它当欧洲电影看的，不习惯故事，
但习惯拍摄手法。这部电影对我以后拍电影很有指向性——艺
术电影必然走海外这条路，我自己肯定不拍地下电影，但这样
的风格会不会被接受呢？以前我是很怀疑的，但是这部电影
之后我知道，靠手艺不靠题材这个路子行得通。有人说我在
这部电影中找到了自己的位置，可是我认为位置不是比出来
的，我在音乐圈对位置的感觉是有上游和下游之分的，上游
指有人投资，下游是有人喜欢；电影也一样，现在也有了自

己的上游、下游，所以我在电影界有位置。音乐上的成就感我早已习惯，但这部电影让我重新品尝到前所未有的幸福感。电影的主角由陈道明、李小璐、郑钧扮演，演员非常优秀，我也感谢他们成就了这部作品。这一年还蛮幸运的，不仅电影有所收获，之前出过的《校园民谣》《恋恋风尘》《青春无悔》等专辑也连续再版，据说还创造中国流行音乐畅销纪录。

2004年我执导了三星的打印机广告并获得广告人中国实战案例奖银奖，多年前曾经靠着拍广告而致富奔小康，没想到如今还能获奖，老天真的很眷顾我。也在这一年，我担任由漫画大师朱德庸的名作改编的两岸合作大型电视剧《醋溜族》的总策划及总监制。《醋溜族》和《双响炮》《涩女郎》都是朱德庸老师的代表作，这部作品被专栏连载十年，创下了台湾漫画连载时间之最，其中的漫画人物深入人心，在台湾和大陆都有着广泛的影响。电视剧《醋溜族》由佟大为、范玮琪、孔令奇、黄磊、夏雨等优秀演员主演。当年青春年少的他们现在早已事业有成，如今也都是大红大紫过的人。能策划漫画大师朱德庸老师的作品小生我心中很是欢喜，还好不辱众望，电视剧深得观众喜爱，非常心满意足。

2005~2006 年我忙碌于创作中国首部大型音乐史诗《黑暗的缘起》。这部史诗剧里有很多的角色，但主角一共就有四个，而且这四个主角是用四种不同类型的音乐来进行演唱的，两个男主角：一个是唱摇滚的，一个唱传统歌剧美声。两个女主角：一个是唱灵歌的，一个是唱舞曲的。这些歌曲由郑钧、莫华伦、许如芸、阿朵演唱。这部音乐史诗我构思了很久，一共写了 6 个月。有灵感的时候就写一些，构思到位了再写一些，最后在古典音乐的部分还请教了一位很好的古典作曲家吴孟奇。这部作品是根据《万王之王 2》进行创作，我最大的收获就是做这个作品不是用于流行音乐的，它是史诗、是音乐，我得把它释放出来，这是一件很快乐的事，而且和合作伙伴合作得很愉快！在合作的半年中，万王 2 未对我的作品做一个字的改动。我们合作的成功有两方面的原因：首先是万王 2 充分尊重了我；另外我也考虑了一些东西在里边，艺术家与赞助者的关系是个互相体谅的过程。像欧洲的伯爵夫人赞助年轻的艺术家一样，也不能只写一种东西，也要相互体谅，完成各自的愿望。第三个，我自己也吹下牛，我觉得自己确实写得也挺好的。要改动我的作品，我一般就不合作了，如果有人要口述一些可笑的词的话，作品就不给了，我基本上只和尊重我作品的合作者进行合作。今天能做到这里说明整个合作已经是很成功了，我很满足。

2007 年创作并制作了歌手萨顶顶的专辑《万物生》，萨顶顶也凭借这张专辑成为首位获得 BBC 世界音乐大奖的中国歌手。我向来对原生态情有独钟，萨顶顶的出现让我眼前一亮，不禁高呼少数民族之多才多艺，我们汉族真的只有羡慕的份儿了。我特别喜欢杨丽萍的舞蹈，她的《雀之灵》举手投足之间，看似孔雀迎风挺立、跳跃旋转、展翅飞翔，但它远远超过了形态模拟，而是舞者的灵与肉的交融、呈现。人家也没有学过舞蹈，不像现在的孩子，挺小的就送到舞蹈班里去学习。人家就是有这个艺术天分，模仿自然万物，大自然就是她最好的启蒙老师。现在又来了个萨顶顶，在众多好声音中让我耳目一新，心中满是欢喜。当我听到这个有着美妙歌声的蒙古族姑娘录制的音乐小样时，我顷刻间就被打动了，这才是真正的天籁之声！我很久没有听过这么动人心弦的声音了，那种感觉就是一下子找到了知音，或者说有一个人一下子触动了我心。我同她大碗喝酒，也帮她填词，我发现自己竟然学会写迥然于我以前风格的词，那时我又有了撞到老天爷怀里的感觉，真是承蒙老天的厚爱啊！

2009 年我答应湖南卫视做快乐女声总决赛的评委。对于曾轶可外界说我一路挺她到底，我确实是挺她，因为我是打心眼里的惜才。现在有多少人能停下忙碌的脚步，留给自己一片宁静，然后去思考，就算不思考发会儿呆也行，可是很多人没有这个时间。我们需要曾轶可这样的孩子，能安安静静的就搞点音乐，做自己喜欢的事情。选秀比赛竞争很激烈，大家在看选秀比赛的时候也总感觉，哎呀，太残酷了。可是我认为参加比赛是最幸福的，就算是失败了还有主持人的各种安慰，下去之后还有一堆粉丝在等着安慰你，粉丝还帮你打抱不平，节目组还会把爹妈请来等着拥抱你。这是多么大的支持和鼓励啊，可是大家想过没有，要是真的一个人去北漂，无论怎么样都没有人安慰你，谁会请你爹妈来拥抱你啊。经常是默默无声中就被淘汰了，自己还没反应过来呢，就都被别人甩在千里之外了，现实生活可比比赛残酷多了。我们得锻炼出一个好的心态，对生活抱着感激之情。如果我们的努力有所收获，那是老天眷顾，如果没有也别怨天尤人，找问题所在，人有个好心态是至关重要的。况且我不支持一些年轻人放弃自己的学业来搞音乐。我认为音乐是不需要时间的，不是一个人从早上八点钟开始蹲在那里一直蹲到晚上八点就能写一首好歌。关键是音乐它不能离开很多你应该有的生活。音乐就是禅宗，禅宗就是顿悟的，就是一会儿现出一句特牛的话，一会儿又悟出一句。我有好几首歌都是在课堂上写的，音乐不是一个要投入大量时间才能干的事，妙手偶得才是最高境界。年轻人还是多读书，多长见识的好。

2010 年我的作品集《万物生长》和大家见面。挑来挑去挑了 14 首歌曲，我想这些歌曲能代表我变老的过程吧。因为这 14 年里，总有愤怒的时候，也有平静的、单薄的时候，尤其在国外，居然还有了怀乡的感觉，我之前的歌都没有出现过怀乡的题材。人在国外待得时间长了，年龄也大了，就会有乡愁。所以这张唱片其实是记录了不同年份的我，有很颠覆性的，也有很怀旧的。对于这张专辑的名字，我是这样想的，自《青春无悔》之后，14 年过去了，我像龟兔赛跑里的兔子，拈花惹草，周游世界，娶妻生子，定居他乡，没什么进步。但没进步也有好处，就是有大把时间思考。想着想着，人就老了。乌龟变成了海龟，兔子夹起了尾巴。大家或早或晚，都体会了什么是平凡，所以这张唱片就叫《万物生长》。同年我加入了大型互联网公司搜狐网，并担任娱乐事业发展总监，也就是所谓的 CAO。这缩写怎么想怎么是"操"，跟高科技扯不上任何关系。不管怎样，我也成为了混迹于 IT 行业的人啊。

　　我的电影似乎都得经历一番磨难方能走上银屏，2011年 9 月，我自编自导的电影《大武生》终于上映。对于这部电影外界评价褒贬不一，我也不介意别人怎么说。拍这部电影的时候我很用心，还请到了制作过《百万美元宝贝》《如果·爱》《与狼共舞》的好莱坞著名制片人和金牌推手安德鲁·摩根。我们合作很愉快，我也学会了很多东西。感谢参与的演员，他们被剧本深深地吸引，以至于最后在片酬方面都打了折扣，我很感激。更感激洪金宝大哥能够做武术指导，让我看到了什么是真正的武术，之前的真的都是些小打小闹。还有那些在"那半年"里帮我宣传《大武生》的朋友们，现在想来他们的雪中送炭，都着实让我感觉温暖无比。想一想"那半年"我最大的遗憾就是错过了半年女儿的成长，能看着自己的孩子日益长大是每个做父亲最幸福的事情，以及没有在电影曲终人散的时候点上一根烟在电影院门口看走出来的观众的表情。第一个真的是错过了就没有了，第二个还好，我肯定还会有新的电影，还会有机会。所以生活还是对我很好，包括在最关键的时候让我悬崖勒马，免于陷入疯狂。而且正好在整个文化行业大井喷之前，让我能安静下来想一想，以免被裹挟在大潮里彻底迷失了。

　　2012 年 3 月的时候优酷找到我，邀请我做个视频脱口秀节目。想着平时在饭桌上的时候经常给大伙儿讲一些段子，大家听得饶有兴致，想必这种经得起饭桌检验的话题是能有人喜欢听的，于是乎有了《晓说》这档节目。这名字还是韩寒给起的呢，原本打算叫"闲得蛋疼"，估计这名字在和谐且文明的社会里通不过，正好韩寒说"晓说"谐音"小说"就是让大家把这节目当成段子来听，都是编出来的，谁都别太较真儿，别往心里去，一个"晓"字也合了我的名字，我感觉还挺不错的，就发扬了中华民族的传统美德拿来主义，拿过来直接用了。这节目还比较得人心，收视不错，有几期的

版权还被湖南卫视重金买走了，这让我挺意外的。今年我的
新书《如丧：我们终于老得可以谈谈未来》也上市了，这书
酝酿了许久终于出版。本来在"那半年"之前就应该出版的，
没想到酒令智昏过后，这书也推迟了。不过内容却比之前丰
满许多，又增加了不少的新东西，也算是又添了些岁月的分量。
书上市后反应还不错，销量也挺好，也不枉我到处做广告。

　　未来并不遥远，我也没有太多的奢望，按部就班地做就
好了。真心地希望恒大音乐能够顺利上市，我的书也一如既
往的畅销。我始终都对电影保持着热情，因为电影只发挥了
我三成的功力，有七成的潜力等着我自己去发掘、去给自己
给观众惊喜。如来，如同要来，现在没来但终究会来。就如
同每个人的未来一样。

▶▶ 闲言碎语

1. 刘翔说有不少唱片公司找来想与他签约出唱片云云。我说万万不可，他们都不靠谱！刘说为何？我说就算你唱得不错，但肯定没你本家欢哥嗓子好对吧，他们找你不是因为你唱得好，而是因为你跑得快！你要是被他们沾上了，就啥也别干了，整天都是通告、宣传、走穴、绯闻、澄清、闹心——等你折腾够了、跑不快了、没人惦记了，你猜怎么着——他们跑得比你还快！

2. 第一，请大家多多关注舞台上的其他选手，曾轶可只是比赛倡导的"选手多元化"中的一元；第二，我对曾轶可的评价和态度浓缩起来就是四句话，她是一流的作词、二流的作曲、三流的吉他和四流的演唱，我并不认为她唱得好，但我却认同她的创作；第三，我之所以一直力挺她，是因为我想通过这样的举动向电视机前的所有年轻人传递一个信息，鼓励他们要勇敢地歌唱自己，而不是只会单纯地玩模仿秀，要相信再平凡的人生也有权利去歌唱。

3. 我们这个行业，卖身卖艺卖青春，用欢笑泪水，献爱与自由。从未巧取豪夺，鱼肉乡里，没干过什么伤天害理之事。演好了，鞠躬拜票谢观众，演砸了，诚惶诚恐不成眠。顶三五载虚浮名，挣七八吊养老钱。终归零落成泥，随风散去。观众总会有新宠，不复念旧人。看在曾带给大家片刻欢娱，能否值回些人间温暖？

4. 我猛烈建议大家第一次去梦回之地都选择开车，那些路牌上逐渐缩小的里程，是生活的礼物一层层拆开的包装纸，是和梦中情人做爱前脱下的一件件楚楚衣衫。

5. 幸好那个年代的女生都有一颗巨可爱的虚荣心：一定要比你洒脱、比你牛B、比你有胆、比你有钱、提上裤子比你还不幽怨、分手之夜比你还不爱你！

6. 其实没几个孩子长大真成功了，而且成功是命，无法教育。所以最需要最实用的教育：如何在没能成功的人生里随遇而安,心安理得地混过漫长的岁月而不怨天尤人。这时候,那些"没用"的东西就变得弥足珍贵。孩子长大不会痛苦失落,做父母的就成功了！

7. 有人问我让孩子学琴吗？我说不一定学琴，但一定要多学多干些没用的事儿。人和动物最重要的区别就是动物做的每件事都有用（为生存和繁殖），人要做许多没用的事比如琴棋书画，比如爱与等待。如果一个孩子被教育只能学对升学有用的课，上大学只能干对就业有用的事，工作了一切都为了买房，生而为人岂不浪费？

8. 那些声称被应试教育毁了的人，不应试也会自毁；那些抱怨婚姻磨灭理想的人，不结婚也成不了居里夫人；那些天天唠叨这个体制捆绑下无法创作伟大作品的人，去了瑞士也一样找不到灵魂的自由。大家面对同样的时代，却找出不同的借口，每个人都在窗前看这个世界，有人看见的只是镜子，有人伸手不见五指。

9. 好的音乐就是甭管别人长得好看难看，你闭着眼睛就能把这音乐听完；好的艺人就是甭管这歌有多难听，你能给看完了，这就是好的艺人。

10. 音乐不是眼前的一顿饭或者一张床，音乐是来自灵魂的召唤。

11. 我觉得参加任何比赛进入了前五名，就剩下享受比赛这一件事情了。只要做到动听、动人、动心就可以。

12. 别哭，真是友谊永远都会在。你们站在这儿，仅仅是比赛。你们要知道面对人生比这个比赛残酷一万倍。

13. 我不认为任何一个音乐形式是高级的，我不认为摇滚就是高于其他流行音乐的一种东西。我认为每一种音乐类型都有垃圾，每一种音乐类型都有特别好、特别牛的音乐。最烦的就是类型迷，他玩儿的那一种音乐类型就注定高级，这种态度是我最不喜欢的。

14. 回想起来，如果我是生活在90年代的校园里，再过10年我还是会这样来写歌。我觉得不是因为80年代的大学有什么特别大的不同，就像谈恋爱一样，当你回想起来觉得美好，其实不是因为那个对象，而是因为你身在其中的心情。学校也是一样，你等于是和它谈了场恋爱。

15. 知识分子在哪个国家都闹。哪个国家的知识分子都觉得自己的制度不对不合理；哪个国家的知识分子都觉得他生活的那个时代是最悲怆的时代；都怀念他以前崇敬的那些知识分子生活的那个"黄金年代"，都觉得自己生活在"狗屎年代"。哪里都一样，哪国也不例外。

16. 男女之间能否保持纯友谊全看那女的，只要女的一松劲儿，这纯友谊就完了。

17. 音乐，是年轻时的荷尔蒙，老年的眼泪。是深夜的一杯水，打湿人的心灵。

18. 所有的艺术工作都是这样，如果你只觉得你干这件事情你就舒服了，你其实不能干这件事情。

19. 有幸福感的人，会认为恋爱是喜获爱情，失恋是得到自由。而没有幸福感的人会认为恋爱是失去自由，失恋是痛失爱情。做人要做前者，你的人生才会是一个积极向上的人生。其实，一个人一出生，他就带着属于自己的剧本来到这个世界。

20. 什么是好的男人？目的性太强，要奋斗，有太高理想的男生不要找，他应该娶他的理想和目标；嫁就嫁给快乐、有幸福感、能随遇而安的，因为境遇你永远都不知道，就算遇到了成功的也不要，因为为了他的成功，错失了给你快乐的那些时光。

21. 能够成长在 80 时代，感到很幸运，在树立人生观的时候，有大批耀眼的灯塔照亮海面。那是大师扎堆儿的时代，每天拿着 10 块钱都在等待着，我是买罗大佑的新出的唱片，还是买王朔的小说，还是陈凯歌的电影？我今天拿着 100 块钱都不知道等待谁，谁值得等待呢？现在跟那个时代完全不能比。

22. 老是觉得男生的成长远比女生艰辛。因为女生基本上就一个慌张，就是我能不能有爱。但是男生有五个慌张：要先想我能不能养活自己，能不能有爱，能不能有性，还要想会不会受人尊重，还有一些不用想也要加在自己身上的责任，比如说对国家的责任。

23. 有一套房子，会让自己内心安全一点儿。但是安全感真的可以来自一套房子吗？归根结底，还是价值观的问题。世界再怎么变，还是要有坚持，即使它是落后的。我不入流，这不要紧。我每一天开心，这才是重要的。

24. 很多人分不清理想和欲望，理想就是当你想它时，你是快乐的；欲望就是当你想它时，你是痛苦的！

25. 以今天的房价，普通人买房只有两种情况，一种是双方父母出钱资助，这种人基本上前途和发展都被父母控股。第二种人是牺牲了太多的发展机会，典当梦想来成就一套房子。他们购买的，其实是自己内心深处的"安全感"。

26. 那些顾影自怜的"艺术"其实来自急躁放大的匮乏感，一旦匮乏感消失，那些永恒的意义在哪里呢？含泪在窗户纸上捅几个洞很容易，但如果有了玻璃窗和温暖，人们就不孤单了吗？

27. 在里面，富商、干部、黑社会大哥、赌场老板、组织卖淫的，所有人都想自己老婆，这点让我挺感动。因为只有老婆不离不弃，最终只有老婆记得给你送件衣服，只有老婆定期来看你。我也特想我老婆。年轻人没什么可想，年轻人在里边自得其乐。

图书在版编目（CIP）数据

与青春私奔/高晓松口述；优米网整理.—北京：北京联合出版公司，2012.12
ISBN 978-7-5502-1261-9

Ⅰ.①与… Ⅱ.①高… ②优… Ⅲ.①高晓松—生平事迹 Ⅳ.①K825.76

中国版本图书馆CIP数据核字(2012)第302326号

与青春私奔

出 品 人：王笑东
出版统筹：新华先锋
责任编辑：徐秀琴
封面设计：王　鑫
版式设计：左巧艳
责任校对：张　聘

北京联合出版公司出版
（北京市西城区德外大街83号楼9层 100088）
北京慧美印刷有限公司印刷　新华书店经销
字数95千字　1092毫米×787毫米　1/16　14印张
2013年3月第1版　2013年3月第1次印刷
ISBN 978-7-5502-1261-9
定价：29.80元